LA COCINA FAMILIAR

EN EL ESTADO DE

JALISCO

LA COCINA FAMILIAR

EN EL ESTADO DE

JALISCO

◣CONACULTA OCEANO

LA COCINA FAMILIAR
EN EL ESTADO DE JALISCO

Primera edición: 1988
Banco Nacional de Crédito Rural, S.N.C.
Realizada con la colaboración del Voluntariado Nacional
y de las Promotoras Voluntarias del Banco Nacional de
Crédito Rural, S.N.C.

Segunda edición: 2001
Editorial Océano de México, S.A. de C.V.

Producción:
Editorial Océano de México, S.A. de C.V.

© Consejo Nacional para la Cultura y las Artes

D.R. ©
Editorial Océano de México, S.A. de C.V.
Eugenio Sue 59
Col. Chapultepec Polanco, C.P. 11500
México, D.F.

ISBN
Océano: 970-651-497-x
             970-651-450-3 (Obra completa)
CONACULTA: 970-18-6459-x
             970-18-5544-2 (Obra completa)

Todos los derechos reservados. Queda prohibida la
reproducción total o parcial de esta obra por cualquier
medio o procedimiento, comprendidos la reprografía y el
tratamiento informático, la fotocopia o la grabación, sin
la previa autorización por escrito de la Dirección General
de Publicaciones del CONACULTA.

Impreso y hecho en México.

LA COCINA FAMILIAR EN EL ESTADO DE
Jalisco

PRESENTACIÓN	9	
INTRODUCCIÓN	11	
RECETAS		

I. ANTOJITOS
Tamales de ejote 17
Tamales de gallina
Tamales de ceniza
Tamales verdes 18
Guiso de maíz tierno
Entomatadas
Budín tapatío 19
Enchiladas tapatías
Enchiladas de chorizo 20
Tostadas de chorizo
Tostadas tapatías 21
Chiles chipotle en escabeche
Tortitas de charales en salsa chipotle 22
Longaniza de Cocula

II. CALDOS, SOPAS Y POZOLES
Caldo michi 24
Sopa de zanahoria
Sopa juliana
Caldo de camarón 25
Sopa de hierbas finas
Sopa azteca de tortilla
Sopa de cebolla con pollo 26
Sopa de yemas
Pozole
Sopa nutritiva 27
Sopa de arroz "exquisita"
Macarrones en salsa de chile poblano
Sopa de papa 28

III. MARISCOS, PESCADOS Y VERDURAS
Empanaditas de pescado 30
Ostiones frescos en escabeche
Cucarachas de camarón
Tatixhuitl 31
Rosca de camarón
Tortas de camarón con nopales
Camarones al modo nayarita 32
Pescado estofado
Pescado a la mexicana
Escabeche de pescado blanco en jitomate 33
Pescado al horno en jugo de naranja
Bagre estilo Chapala
Mojarras fritas 34
Tortilla de flor de colorín
Guisado de elote
Nopalitos rellenos 35
Torta de calabacitas
Champiñones rellenos
Rajas con leche 36
Rollo de papas con verdura
Coliflor con mantequilla y queso Gruyère
Ensalada de pepinos y lechuga 37
Ensalada de pepinos
Ensalada de queso crema
Ensalada de manzana, piña y papas

IV. AVES Y CARNES
Pastel indio 40
Pechugas azteca de pollo
Pipián
Bote de río 41
Mole de arroz
Mole verde 42
Mole de guajolote estilo Jalisco
Guajolote en mole castellano 43

Manchamanteles	43
Conejo en pipián	44
Fiambre de patitas de puerco rellenas	
Quelites con carne de cerdo	45
Carne de puerco en salsa de cacahuate	
Filetes especiales de puerco	
Lomo tapatío	46
Lengua en huerto	
Pacholas	47
Carne "margarita"	

V. PANES, POSTRES Y DULCES
Pan de cuajada	50
Panqué de seda	
Coricos	
Rosquitas envinadas	51
Rosquitas de chabacano	
Rollo de arrayán	51

Cueritos de membrillo	52
Camotes de piña	
Arroz de leche	
Jericalla	
Picones al estilo Guadalajara	53
Jamoncillo de Lagos	
Huevitos de faltriquera	54
Chongos zamoranos	
Buñuelos en almíbar	

DE COCINA Y ALGO MÁS

Festividades	57
Nutrimentos y calorías	60
Equivalencias	61
Glosario	62

Presentación

La Comida Familiar Mexicana fue un proyecto de 32 volúmenes que se gestó en la Unidad de Promoción Voluntaria del Banco de Crédito Rural entre 1985 y 1988. Sería imposible mencionar o agradecer aquí a todas las mujeres y hombres del país que contribuyeron con este programa, pero es necesario recordar por lo menos a dos: Patricia Buentello de Gamas y Guadalupe Pérez San Vicente. Esta última escribió en particular el volumen sobre la Ciudad de México como un ensayo teórico sobre la cocina mexicana. Los textos históricos y culinarios, que no las recetas recibidas, varias de ellas firmadas, fueron elaborados por un equipo profesional especialmente contratado para ello y que encabezó Roberto Suárez Argüello.

Posteriormente, hace ya más de seis años, BANRURAL traspasó los derechos de esta obra a favor de CONACULTA con el objeto de poder comercializar el remanente de libros de la primera edición, así como para que se hicieran nuevas ediciones de la misma. Esta ocasión llega ahora al unir esfuerzos CONACULTA con Editorial Océano. El proyecto actual está dirigido tanto a dotar a las bibliotecas públicas de este valioso material, como a su amplia comercialización a un costo accesible. Para ello se ha diseñado una nueva edición que por su carácter sobrio y sencillo ha debido prescindir de algunos anexos de la original, como el del calendario de los principales cultivos del campo mexicano. Se trata, sin duda, de un patrimonio cultural de generaciones que hoy entregamos a la presente al iniciarse el nuevo milenio.

Los Editores

Introducción

La naturaleza del actual territorio jalisciense es pródiga en lagos, bosques, playas y llanos. Estos espacios albergaron en época prehispánica animales suficientes para prósperas cacerías. Los primeros indicios de cultura humana se remontan, en la zona, aproximadamente al siglo VIII a.C. Se cuentan vestigios olmecas, nahuas, tarascos y chichimecas, así como muestras de una gran variedad de pequeñas comunidades que son de indios bapanes, coras, huicholes, caxcanes y tepehuanes. Se supone que, como en el resto del país, todos ellos fueron inmigrantes provenientes del norte. Entre los escasos recintos prehispánicos que se conservan está Ixtépete, situado a unos diez kilómetros de la ciudad de Guadalajara, que consta de varias estructuras de estilo teotihuacano.

El maguey desempeñó un papel preponderante en la vida indígena, con él se manufacturaba hilo, cordel y manta, se extraía el aguamiel, se usaba como emplasto medicinal. En los lagos se pescaban charales, acociles, ahuauhtli y peces. Pero en tierras tan pródigas, los nativos se convirtieron principalmente en agricultores; entre su producción se contaba el maíz, la calabaza, los frijoles, jitomates y chiles. También se domesticaron algunos animales, como el guajolote y el perrillo, que se empleaban para comer en ricos asados, sazonados con salsas elaboradas con una extensa variedad de chiles, "molcajeteados o metateados".

Las primeras incursiones españolas por la región fueron las de Juan Álvarez Chico y Alonso de Ávalos. Pero fue el feroz Nuño de Guzmán el que conquistó la provincia, en 1530, y en 1532 hizo la primera fundación de Guadalajara. En 1541, el virrey Antonio de Mendoza tuvo que viajar a la Nueva Galicia para someter a quienes dieron muerte a Pedro de Alvarado, los caxcanes sublevados. El Obispado se erigió en 1546 y, con la construcción de conventos y monasterios, los frailes introdujeron la modalidad de la cocina española. Antes del mestizaje culinario, Nuño de Guzmán se quejaba ante el Rey de España de la siguiente manera: «Suplico a Vuestra Majestad sea servido de mirar con qué pueden los cristianos venir y perpetuarse en la tierra... donde no tienen ni pan ni vino ni aceite ni vinagre... ni ganado, ni con qué buscar oro para comprar esas cosas, ni comer...».

Diversas especies se importaron de Europa y luego, al ser sembradas en clima tan benigno, rindieron pronto su fruto. El ganado no requería de mayor cuidado, gracias a los pastizales naturales y a los numerosos aguajes cercanos. En esas circunstancias en breve se mezcló el arroz con el plátano; con la leche se elaboraron quesos, mantequillas y cremas; los cerdos se transformaron en suculentos jamones, tocinos, untos, embutidos y carnes fritas en su propia grasa. Apareció la manteca derretida en los sopes y las gordas, crujió para freír las tostadas, los tacos y las enchiladas, y no tardó mayor tiempo en batirse en la masa de los tamales, a los que volvió bollos esponjosos, tiernamente envueltos por las hojas de maíz: el grano dorado sempiterno, del antes y el después.

Las quesadillas fueron plato principal o acompañante del puchero. Los asturianos, algunos vascos y gallegos y muchos andaluces probaron con deleite la barbacoa, se sonrojaron con las salsas de chiles tatemados y el pulque, y aquellos que incursionaron hacia las costas, adicionaron los mariscos frescos al arroz con azafrán. Se produjo el tequila, bebida sagrada que arraigó con presteza en el gusto hispano y en el mestizo y se expandió por toda la Nueva España. Puede decirse de bebida tan excelente que la materia prima es indígena y la técnica del destilado, española.

En 1748 se estableció una nueva división territorial, al constituirse la Intendencia de Guadalajara que comprendía el territorio de los actuales estados de Jalisco, Nayarit, Colima y Aguascalientes. Esa época fue característica por su intensa actividad política y religiosa; se fundó la universidad, se instaló la primera imprenta, se inició la celebración de la feria de San Juan de los Lagos y prosperaron la agricultura tanto como la ganadería. Obras en la ciudad de Guadalajara como el Paseo Nuevo, que unía San Juan de Dios con la alameda, y el Hospicio que lleva el nombre del obispo Cabañas fueron inauguradas. Hoy, el Hospicio es un monumento nacional en el que se admiran algunos de los espléndidos murales pintados por José Clemente Orozco en el presente siglo.

Al iniciarse el periodo independiente, la economía de Nueva Galicia estaba basada en su producción agrícola y ganadera y, en menor escala, en productos como pieles, jabón, carnes en conserva, textiles y loza. Su principal puerto era San Blas; la población sumaba cerca de medio millón de habitantes.

El 11 de noviembre de 1810 entraron en Guadalajara los primeros grupos insurgentes, en diciembre lo hizo Miguel Hidalgo; el admirable sacerdote decretó la abolición de la esclavitud, liberó a los prisioneros políticos y redujo las restricciones al comercio, las comunidades y la industria.

Al recuperar la ciudad, los realistas emprendieron una feroz persecución de los insurrectos y castigaron a los simpatizantes de la Independencia. La resistencia insurgente se refugió en lugares como San Blas y en la Isla de Mezcala, en el Lago de Chapala, desde la cual resistieron durante cuatro años el ataque de las fuerzas virreinales. En 1816 desalojaron al fin su reducto, mas fue a cambio del respeto a sus vidas, la devolución de sus pueblos y propiedades y otras concesiones.

Durante este tiempo, a pesar del aislamiento y de las continuas batallas, la naturaleza proveyó los alimentos necesarios para que los seiscientos hombres sobrevivieran sin tener que recurrir a abastecimientos externos. El lago les proporcionó peces y la isla aves como perdices, dorales, palomas y patos; las pocas gallinas que se tenían fueron cuidadas con esmero para la producción de huevo. Se volvió entonces al sistema de cocción precortesano y los magueyes regalaron de nuevo su aguamiel.

El Plan de Iguala fue jurado en San Pedro Tlaquepaque por Pedro Celestino Negrete, quien tras tomar la ciudad de Guadalajara en 1821, promovió varias medidas para fortalecer la economía, tales como el cultivo del tabaco y la exención de impuestos a los indios. Al iniciarse el año de 1823, se erigió el Estado Libre de Jalisco y, al año siguiente, se aprobó su Constitución Política.

En forma igual a lo que ocurría en el resto del país, los años siguientes fueron sumamente conflictivos. Largo período en el que se enfrentaron diversas ideologías y grupos políticos y se sucedieron sublevaciones, de uno y otro bando. A ello siguió la guerra contra Estados Unidos, en la cual Jalisco participó activamente, suministrando efectivos militares y alimentando a las tropas.

El saqueo no había resultado todavía desolador en la zona, se había tratado más bien de un "dejar hacer", una forma de unión casi clandestina; las apariencias se cubrían pero no se llegaba al expolio. La llegada de los liberales y la reacción conservadora terminó con tal situación abruptamente.

Arribaron a Guadalajara, por entonces, Juárez, Degollado y Prieto. Y este último, en un asalto de tropas, logró salvar la vida del presidente Juárez comprometiendo al enemigo con las palabras exactas... los valientes no asesinan.

Las primeras leyes de Reforma, expedidas en 1859, volvieron a enfrentar a los jaliscienses. La división de Jalisco sostuvo treinta batallas, doce de las cuales se llevaron a cabo en su propio territorio. Pero la entidad había detenido su producción. No había siembras. No había ganado. Los hombres habían muerto en los campos de batalla, quedaban sólo niños, ancianos y jóvenes maltrechos.

Las tropas francesas ocuparon Guadalajara a principios de 1864 y con ellas llegó un nuevo mestizaje a las cocinas. Los arrayanes, las ciruelas y los camotes conocieron el glaseado, el envinado y el relleno de almendras. Nació el ponche. Dulces como el alfajor y el helado entraron triunfantes a las mesas señoriales. Candiles de cristal cortado principiaron a iluminar las magnas meriendas; podía observarse una variedad enorme de panes de dulce remojados por delicadas manos en los pocillos chocolateros. Fue cuando el soufflé de queso conoció el toque del chile y a la tortilla se sumó la baguette. La crema batida durante horas se virtió sobre duraznos, chabacanos, capulines, manzanas. Y, mientras las damas agregaban delicias a sus recetarios y kilos a sus figuras, el acoso de la guerrilla no cesaba. Los franceses abandonaron la plaza en 1866.

Restablecida la República, tras la Revolución de Tuxtepec, Jalisco pudo desarrollarse económicamente. Se iniciaba el porfiriato. Las riquezas agrícolas y mineras del estado aprovecharon bien las nuevas comunicaciones, como el ferrocarril; el comercio regional se consolidó, fue Guadalajara uno de sus pilares principales. Paulatinamente iba surgiendo, sobre todo en las ciudades, una industria manufacturera de cierta importancia.

Mas fue luego, en la propia Guadalajara, en donde el grupo reeleccionista enfrentó sus primeros fracasos de proselitismo electoral. Tanto maderistas como reyistas se unieron entonces en su repudio a la dictadura de Díaz. El triunfo revolucionario de Madero trajo consigo nuevas esperanzas democráticas. Éstas no tardaron en verse truncadas otra vez, con el asesinato del presidente Madero y el vicepresidente Pino Suárez.

Durante la usurpación de Huerta en 1913, varios grupos jaliscienses se lanzaron a la Revolución. Jalisco fue escenario de combates decisivos. Años más tarde fue también escenario de la rebelión cristera, la que terminó cuando el presidente Portes Gil prometió aplicar la Constitución "sin tendencia sectarista".

A partir de esos años el estado ha logrado fincarse sobre un firme desarrollo económico y social. Su capital, Guadalajara, se considera con justicia como una de las tres principales ciudades del país. Los puertos interiores y de altura, en la entidad, son centros turísticos incomparables; el sistema de vías de comunicación la convierte en punto clave de la actividad comercial. La producción minera y forestal contribuye a su estabilidad financiera, y la agropecuaria es verdaderamente notable.

A pesar de la modernidad, Jalisco en toda su extensión sigue siendo característico por su amabilidad, por su riqueza de corazón. Y, entre otros rasgos, cabe subrayar el de las manos hábiles de su buena cocina. ¿Cómo no apreciar el pico de gallo, las enchiladas tapatías, las famosísimas tortas ahogadas o sibaritismos tales como las cebollas rellenas, el chacala o el buen pipián, así como, claro está, el imperecedero pozole jalisciense? La lista de los buenos guisos regionales no es corta y con frecuencia se vuelve sorprendente, no sólo por el sabio aprovechamiento del maíz o la riqueza y originalidad de los guisos, sino por la excelencia y la delicadeza de muchos platillos.

Mucho ha dado el folklore estatal a la imagen misma del folklore nacional. A ella se vierte su música, danza, fuerza, hombría de bien y tradición. Jaliscienses y mexicanos, son, pues, el jarabe tapatío, la charrería y el tequila, por citar sólo tres casos. Y si, por otra parte, la cocina, la comida de Jalisco es galana, ¿podría pedirse más? Pues sí, ya que lo hay. Lo dijo también corto, aunque para el pensamiento largo, un escritor jalisciense, Juan Rulfo: "No sentir otro sabor sino el del azahar de los naranjos en la tibieza del tiempo." Y Jalisco, señoras y señores, tiene esa esencia y hasta la fecha conserva tal sabor.

Son cinco los apartados o secciones en que se divide el recetario de la cocina familiar en Jalisco. Los platillos hablan de la comida cotidiana en la entidad, pero también expresan los días de fiesta, las fechas de feria o las de gran celebración. La primera sección, **Antojitos**, da cuenta, apetitosamente, de las glorias del dorado maíz, aunque no se detiene en ello pues agrega algunas otras maneras de satisfacer el gusto.

En **Caldos, sopas y pozoles** aparece brillante la riqueza estatal: mar y huerto, cereales y aves; hay un poco de todo y no falta, por supuesto, la fórmula del renombrado pozole jalisciense. En **Mariscos, pescados y verduras**, más de dos docenas de recetas confirman lo dicho sobre la riqueza y variedad de la cocina. Se encuentran, al igual que en la cuarta sección, la de **Aves y carnes**, fórmulas mágicas, irrepetibles, no sólo de "alta" sino de altísima cocina.

El quinto apartado, en fin, el de **Panes, postres y dulces**, con el solo transcurrir de sus páginas logrará tantos adeptos que seguramente habrá de resultar difícil encontrarlos.

Antojitos

Si mil y un antojitos ofrece la comida en México, quizá uno de los pilares del caso sea el Estado de Jalisco. De modo que a nadie podrá extrañar que el apartado inicial de este recetario familiar, dedicado a la comida cotidiana y a la de los días de fiesta, valga lo que un tratado y en pocas páginas resulte más apetitoso.

Cuenta el Bajío con una riquísima agricultura en la que es abundante el cultivo del maíz, tal como era de esperarse en una zona orgullosamente anclada en sus tradiciones indígenas y mestizas, sin que niegue por ello lo que aportaron después otras culturas. Es así como, para empezar, encontramos una rica variedad de tamales.

De manera original se hace el matrimonio entre las tradicionales locales y las que, no importa por qué vías, llegaron de Oriente y en los tamales de ejote se mezcla al sabor austero del maíz con el aroma de la canela y el clavo. Sorpresivo resulta luego el uso de la gallina, en vez de la acostumbrada carne de cerdo, unida a alcaparras y aceitunas para otros tamales, cuyas raíces traen ecos ibéricos.

Llaman la atención los tamales que requieren, para la cocción del maíz, unas cucharadas de la ceniza del fogón. Sigue el análisis de otros tamales, verdes, bautizados de tal manera por el uso dominante del tomate, de esos que resultan sabrosísimos cuando aún no calienta el día, con su buena taza de café, o cuando ya se empezó a ir la luz, para merendar con atole y unos buñuelos. Continúa un guiso que lo pide tiernecito y lo combina, desgranado, con chorizo, carne de puerco, nopales y calabacitas. Asunto de chuparse los dedos hasta la falange. Tras de lo cual, para mostrar que el "humilde" cereal es capaz de igualar cualquier altísima alcurnia, aparece como base de un budín, de fina repostería, en cuya confección se requieren huevos, mantequilla, azúcar, pasas, acitrón y almendras.

Y, como para reiterar la riqueza en la producción de la gramínea, la volvemos a encontrar en la tortilla, estructura indispensable, nutritiva y generosa de una gran variedad de platillos, de los que cabe decir que la sola lectura de sus recetas despierta el apetito: entomatadas, enchiladas y tostadas, en cuya confección el único límite parece ser la imaginación.

"...pero vámonos de una vez sentando a la mesa. Si quieren, vayan pidiendo lo que gusten: creo que hay langosta y langostinos, pescado frito o al horno, pollo, venado a la parrilla: por supuesto, frijolitos de la olla y refritos con plátano, tostaditas, queso, chile tostado; frutas, ya ni se diga: miren, guanábana, piña, sandía, papaya, melón blanco, chino, toronja, mamey, naranja-lima, higos, plátanos: esta tierra es una maravilla."

La tierra pródiga
AGUSTÍN YÁÑEZ

De manera inmediata a la fórmula de las entomatadas, suaves y coloradas, y rellenas de queso, viene la de unas enchiladas tapatías con leche y nata y la de otras de chorizo; siguen unas tostadas también de chorizo y prosiguen otras, también tapatías, con frijoles refritos y patitas de puerco. Como si fuese poco, encontramos en las recetas extensa variedad de chiles: se piden los jalapeños, los poblanos, el cascabel, así como diversas legumbres y, sorprendentemente, en una de las sabias propuestas se lista también la conveniencia de un chorrito de alcohol.

Se puede estudiar después, y resulta una contribución a la teoría del gusto fuerte, la receta para la confección de unos deliciosos chiles chipotle en escabeche, incitante condimento que puede servir para aderezar o acompañar innumerables guisos. Acto seguido se agrega, podría decirse que con cierta fanfarronería, tal vez para recordar a todos que Chapala es el mayor lago de México, una sencilla y provechosa forma de preparar unas tortitas de charales, esos populares y nacionales pescaditos secos que, en esta versión, se ligan con huevo antes de freírlos y ahogarlos, astutamente, en una salsa de jitomate y sápido chipotle.

Para terminar la sección se da la fórmula de la ponderada longaniza de Cocula, cuya lista de ingredientes comprueba la razón de su fama, pues no en vano va de los cominos al vinagre y del lomo de cerdo al jengibre, pasando por el ajo, el orégano, la canela y la pimienta.

Tamales de ejote

1 k	masa para tamal
1/2 k	ejotes crudos cortados en cuadritos
1/4 k	manteca de puerco
1	clavo
1	piloncillo grande
1	raja de canela
·	hojas de milpa fresca
·	sal, una pizca

- ❦ En dos tazas de agua cocer canela, clavo y piloncillo.
- ❦ Batir la manteca hasta acremar; agregar la masa, sal y, poco a poco, el cocimiento de piloncillo; por último, añadir los ejotes.
- ❦ En cada hoja de milpa fresca colocar dos cucharadas de la mezcla y envolver en forma de tamal.
- ❦ Amarrar con la misma hoja y cocer a vapor.
- ❦ Rinde 8 raciones.

Tamales de gallina

1 k	harina de maíz para tamales
500 g	manteca
250 g	arroz
1	taza de caldo de gallina
1	taza de atole blanco
1/2	taza de cocimiento de hojas de tomate y tequesquite
·	hojas para tamales
·	sal, al gusto
	Relleno
1	gallina cocida
1 k	jitomate asado
100 g	aceitunas
100 g	alcaparras
50 g	manteca
8	chiles poblanos asados y en rajas
1	cebolla

- ❦ Lavar el arroz, secarlo al sol y molerlo (no debe quedar remolido).
- ❦ Mezclar las dos harinas, agregar la manteca requemada y fría, el cocimiento de hojas de tomate y tequesquite, el atole, sal y el caldo necesario para formar una masa; batir.
- ❦ Colocar una porción de masa (con cuchara de madera) en las hojas previamente remojadas y escurridas.
- ❦ Agregar un trozo de carne de gallina y salsa de jitomate; doblar y cocer a vapor una hora (hasta que el tamal se desprenda de la hoja).
- ❦ Para preparar la salsa, moler el jitomate con cebolla, freír en manteca caliente, agregar rajas de chile, alcaparras y aceitunas, sazonar al gusto; dejar espesar.
- ❦ Rinde 15 raciones.

Tamales de ceniza

1 1/2 k	maíz
1/2 k	manteca de cerdo
3	cucharadas de cal
3	cucharadas de ceniza de fogón
·	sal, al gusto
·	hojas de tamal

- ❦ Cocer el maíz con cal y ceniza; al soltar el hollejo, hervir durante media hora, dejar enfriar; enjuagar y moler.
- ❦ Cuando el maíz quede como masa, batir con manteca y sal; preparar bolitas que se colocan en las hojas de tamal; envolver y cocer a vapor.
- ❦ Retirar cuando los tamales estén cocidos.
- ❦ Rinde 12 raciones.

RECETAS — LA COCINA DE JALISCO

Tamales verdes

3 k	harina de nixtamal para tamales
2 k	lomo de puerco cocido
2 k	tomate verde
1 1/2 k	manteca
1 k	arroz
3	dientes de ajo
2	cucharadas de polvo para hornear
1	cebolla
1	manojo grande de cilantro
·	cáscaras de tomate
·	chiles serranos
·	hojas de maíz
·	tequesquite

- Moler el arroz y mezclarlo con harina de nixtamal.
- Cocer la carne con sal, cebolla y un diente de ajo; por separado, cocer los tomates y chiles, molerlos con cilantro y dos dientes de ajo; freír e incorporar la carne en trozos pequeños con un poco de caldo; dejar sazonar.
- Aparte, batir la manteca hasta que quede blanca y esponjosa y agregar harina.
- Cocer cáscaras de tomate y trocitos de tequesquite; batir la masa con un poco de esta agua, añadir polvo para hornear y sal.
- Untar raciones de masa en las hojas de maíz (previamente remojadas y escurridas) y colocar un trozo de carne con salsa.
- Envolver y cocer a vapor cuarenta y cinco minutos aproximadamente.
- Rinde 25 raciones.

Guiso de maíz tierno

5	mazorcas de maíz tierno (elotes)
1/2 k	carne de puerco (espinazo y maciza)
1/2 k	chorizo
1/2 k	nopales
1/4 k	calabacitas
1/2	taza de puré de jitomate
2	ajos
1	cebolla
1	limón (el jugo)
·	sal y aceite

- Desgranar dos mazorcas; rebanar las demás.
- Cocer los granos con agua, rebanadas de maíz y de chorizo y carne de puerco picada.
- Agregar los nopales picados (lavados con agua y jugo de limón para que pierdan la baba) y las calabacitas rebanadas.
- Aparte, freír cebolla, ajo machacado y chile; añadir puré de jitomate y dejar refreír.
- Incorporar el maíz con chorizo y carne; hervir todo junto cinco minutos (el guiso debe quedar espeso).
- Rinde 10 raciones.

Entomatadas

18	tortillas
1 k	jitomate
3/4 k	chile poblano
1/4 k	crema
1/4 k	manteca
1	diente de ajo
1	queso panela
·	sal, al gusto

- Asar los jitomates, licuarlos con crema, un diente de ajo y sal.
- Asar los chiles, limpiarlos y cortarlos en rajas.
- Freír las tortillas y pasarlas por la salsa de jitomate, rellenarlas con queso panela y rajas de chile; enrollarlas.
- Acomodarlas en un recipiente refractario, bañarlas con salsa de jitomate, adornar con rebanadas de queso panela y rajas de chile.
- Hornear durante quince minutos a calor moderado.
- Rinde 6 raciones.

Budín tapatío

500 g	masa de maíz
125 g	azúcar
125 g	mantequilla
6	huevos
1	cucharadita de polvo para hornear
1/2	cucharadita de sal
	Relleno
350 g	lomo de puerco picado
250 g	jitomate asado
30 g	almendras
30 g	manteca
30 g	pasas
1	cebolla
1	acitrón
	Adorno
1/4	litro de crema
2	chiles poblanos
1	huevo cocido

- Batir la mantequilla hasta acremar; agregar azúcar y seguir batiendo; cuando haya esponjado, añadir los huevos uno por uno (batir constantemente).
- Disolver la masa en un cuarto de taza de agua con sal y el polvo para hornear; incorporar a la mantequilla batida.
- Engrasar un recipiente refractario y espolvorear pan molido; verter la mitad de la pasta y añadir el picadillo.
- Cubrir con la otra mitad de la pasta y hornear a calor regular durante 50 minutos; desmoldar, bañar con la salsa de crema y adornar con una margarita formada con tiritas de clara cocida y la yema en el centro.
- Para preparar la salsa, licuar los chiles asados y desvenados con crema.
- Para preparar el picadillo, freír cebolla picada en manteca hasta que acitrone; agregar jitomate asado, acitrón picado y el lomo de puerco; cocer treinta minutos; antes de retirar, agregar pasas y almendras.
- Rinde 6 raciones.

Enchiladas tapatías

24	tortillas chicas
250 g	manteca
100 g	queso fresco
1/2	taza de leche
1/2	taza de nata
4	chiles poblanos asados
3	chiles poblanos asados y cortados en rajitas
3	aguacates
3	jitomates asados
1	cebolla
1	cucharada de alcohol
1	lechuga
1	manojo de rábanos
·	sal, al gusto

- Licuar cuatro chiles poblanos con los jitomates y cebolla y freír en una cucharada de manteca; al resecar, agregar leche, nata, alcohol y sal; retirar cuando espese.
- Freír ligeramente las tortillas y pasarlas por la salsa de jitomate; rellenarlas con rebanadas de aguacate, queso fresco y tiritas de chile poblano; enrollarlas y servirlas calientes.
- Adornar el platón con hojas de lechuga y flores de rábano.
- Rinde 8 raciones.

Enchiladas de chorizo

30	tortillas
1/2 k	carne de cerdo molida
1/2 k	papas
1/4 k	zanahorias
1/4	litro de crema
25	chiles cascabel
6	pimientas
5	dientes de ajo
3	jitomates rebanados
1	cebolla grande
1	lata de chiles jalapeños
1	lechuga romanita
1/2	cucharada de cominos
·	manteca
·	sal, al gusto

- Limpiar y desvenar seis chiles cascabel, remojarlos en el vinagre de los chiles; tapar y cocer a fuego lento.
- Moler tres dientes de ajo, cominos, pimientas, sal y los chiles remojados; mezclar con la carne.
- Freír en manteca caliente a fuego lento, tapar y cocinar; al final, destapar la cacerola para que el guiso se seque; reservar.
- Cortar zanahorias y papas crudas en cuadritos y freírlas a fuego lento (tapadas); agregar sal y revolver de vez en cuando hasta que estén cocidas.
- Cocer en poca agua los chiles restantes (desvenados y limpios), a fuego lento; licuar con dos dientes de ajo y sal.
- Freír las tortillas en manteca caliente (sin dejarlas dorar); pasarlas por el chile, rellenarlas con un poco del chorizo preparado y enrollarlas.
- Freírlas en una sartén con poca manteca, cubrir y dejar a fuego lento (freírlas por ambos lados).
- Servir las enchiladas con papas y zanahorias, lechuga picada, un poco de chorizo, ruedas de cebolla, jitomate, chiles en vinagre y crema.
- Rinde 10 raciones.

Tostadas de chorizo

24	tortillas pequeñas
1/2 k	papas cocidas
3	chiles poblanos en rajas
1	cebolla chica picada finamente
1	jitomate cocido
1	rama de perejil picada
·	aceite
·	chorizo frito desmenuzado
·	manteca
·	sal, al gusto

- Picar las papas y freírlas en manteca.
- Freír en aceite caliente la cebolla y los chiles poblanos con sal al gusto; agregar perejil y la cuarta parte del jitomate (cocido y picado).
- Añadir las papas cuando la salsa esté bien sazonada.
- Dorar las tortillas en aceite caliente y quitar el exceso de grasa.
- Preparar las tostadas con las papas guisadas, el chorizo frito desmenuzado y, por último, el resto del jitomate picado con el perejil.
- Rinde 8 raciones.

Tostadas tapatías

4	patitas de puerco
500 g	jitomate
250 g	masa de maíz
200 g	frijoles refritos
175 g	manteca
75 g	queso añejo
4	cebollas
3	dientes de ajo
2	lechugas
1	manojo de rábanos
·	aceite y vinagre
·	laurel y orégano
·	sal y pimienta

- Hacer tortillas con la masa y cocerlas en comal por ambos lados; retirarlas y desprenderles la parte delgada.
- Colocar las tortillas sobre el metate por el lado que quedó descubierto; pasar la mano del metate para adelgazarlas.
- Ponerlas en el comal y freírlas en manteca hasta que se doren.
- Cubrir con una capa de frijoles refritos en manteca, patitas, lechuga picada, sazonar con aceite, vinagre, sal, pimienta, queso rallado, rebanadas de rábano y, por último, salsa al gusto.
- Para preparar las patitas, limpiar y cocerlas con una cebolla, dientes de ajo y laurel; deshuesarlas, picarlas finamente y macerarlas durante seis horas en medio litro de vinagre con un poco de agua, dos cebollas rebanadas, una cucharadita de orégano, sal y pimienta.
- Para preparar la salsa, asar los jitomates, molerlos y agregarles una cebolla finamente picada, tres cucharadas de vinagre, sal y orégano.
- Rinde 8 raciones.

Chiles chipotle en escabeche

15	chiles chipotle
1/2 k	ajos pelados
1/2 k	piloncillo
1	cebolla
·	aceite de oliva
·	hierbas de olor
·	orégano fresco
·	orégano seco
·	vinagre
·	sal, al gusto

- Limpiar los chiles, extraer las semillas y dejar los rabitos; enjuagar y escurrir.
- Poner agua a hervir, agregar piloncillo, hierbas de olor, orégano, los chiles y dejar en el fuego cinco minutos; retirar y dejar reposar durante media hora.
- Acitronar los ajos y la cebolla (picados) en aceite de oliva; añadir vinagre, un poco de agua y sal; al hervir, incorporar los chiles escurridos; retirar del fuego, espolvorear orégano seco y guardarlos en un frasco con tapa.
- Rinde 8 raciones.

Tortitas de charales en salsa chipotle

- 1/4 k charales
- 2 chiles chipotle en vinagre
- 2 huevos
- 1 jitomate
- · manteca

♥ Quitar la cabecita a los charales y dejarlos remojar en agua caliente; escurrirlos y secarlos.
♥ Batir los huevos, agregar los charales partidos a la mitad; formar tortitas y freírlas en manteca caliente (escurrir en papel estraza).
♥ Preparar la salsa con chiles chipotle y jitomate asado; moler y freír en la grasa de las tortitas; incorporarlas y dar un hervor.
♥ Rinde 6 raciones.

Longaniza de Cocula

- 600 g lomo de cerdo picado finamente
- 400 g pierna de cerdo picada finamente
- 1/4 litro de vinagre
- 8 chiles chilacates
- 2 cucharadas de jugo de limón
- 2 cucharadas de jugo de naranja
- 1 cucharadita de orégano
- 1/2 cucharadita de jengibre
- 20 pimientas
- 12 cominos
- 6 dientes de ajo
- 5 clavos de olor
- 1 raja de canela
- · tripa de cerdo
- · sal, al gusto

♥ Tostar los chiles ligeramente, remojarlos en vinagre, desvenar y moler con ajo, especias, vinagre (en que se remojaron), jugo de limón y de naranja y sal.
♥ Mezclar con la carne, adobar; dejar reposar veinticuatro horas en el refrigerador; rellenar la tripa, amarrar los extremos y orearla un rato.
♥ Antes de usar la tripa, lavarla bien y remojarla durante dos horas en alcohol; picarla con una aguja desinfectada para permitir la salida del aire; escurrir y rellenarla con un embudo.
♥ Rinde 8 raciones.

II
CALDOS, SOPAS Y POZOLES

Dice una excelente tratadista mexicana, con gran conocimiento de causa, porque además es magnífica cocinera, que las sopas son el "buen cimiento" de cualquier comida. Pues este apartado de los caldos y sopas ejemplifica bien la aseveración. Jalisco ofrece una galería significativa de primeros platillos desde los humildes orígenes, lo cual no les quita sabor y les añade oportunidad, a varias recetas apropiadas para los manteles largos.

Con el bagre, sustancioso y accesible pez, igual que en otras entidades del este y del norte del país, se elabora el espléndido caldo michi. En la confección intervienen la aromática albahaca y el incitante cilantro, así como unos cuantos frutos verdes que, con su acidez, dan un toque especial al guiso. Se hace presente luego la fórmula de un milagroso caldo de camarón; la versión que se incluye tiene la particularidad de aprovechar el crustáceo en su forma seca y, a la vez, fresco y cocido.

Sorprende la variedad hortícola en la confección de la sopa juliana, en cuya lista de ingredientes no parece que se haya omitido hortaliza alguna. La aparición de los frutos del huerto es más simple, aunque no menos apetitosa, en la sopa de zanahoria. El valor nutritivo del guiso se acentúa con la base del caldo de res. Para concluir la primera parte del capítulo se agrega una rica sopa de papas, denominada de "hierbas finas" ya que combina hábilmente su sabor con el del apio y el perejil.

Se pasa enseguida a una fórmula indispensable, la de la mexicanísima sopa de tortillas fritas. En la receta seleccionada utilizan el sabor del chile guajillo como base del caldillo en que se ahogan y que se adereza, deliciosamente, con chipotles, queso panela, chicharrón, aguacate y cilantro. La sopa de cebolla con pechugas de pollo deshebradas recuerda a los campesinos europeos, mientras que la sopa de yemas que se incluye, acto continuo, trae al ambiente, de algún modo, remembranzas conventuales. Utiliza diez yemas y tres claras de huevo. La exquisitez de su confección la avala, sin duda, como manjar delicado y de alta calidad.

No podía faltar un pozole jalisciense. Su elaborada preparación va a la par de la calidad de los resultados y la fama bien ganada. Un pozole bien hecho, y no vale prepararlo de otro modo, puede resultar así un doble desafío por la calidad que hay que buscar en los productos y por la experiencia que debe sumar quien cocine; también es verdad que el reto puede ser insignificante ante el regocijo de los comensales. Prosigue una sopa llamada "nutritiva", justificadamente, ya que requiere una buena cantidad de alubia americana y el sustancioso garbanzo, a los que todavía se añaden papas, jamón y tocino.

De las sopas secas, tan caseras, tan nuestras, se ofrecen tres recetas. La primera, de blanco arroz, utiliza pimientos verde y rojo aunados al atún. La fórmula es deliciosa y, ella misma así lo explica, "a todo color". Aparece después, con su indudable origen mediterráneo, al que conviene hacer referencia para no batir la pasta y recordar que lo apropiado es dejarla al dente, una sopa de macarrón que se debe combinar con chile poblano y queso Chihuahua. El apartado concluye con unos deliciosos rollos en los que se unen papas, queso y longaniza; se sirven tras haber sido horneados unos minutos y, el dato ha sido comprobado, es difícil que regresen a la cocina.

"...aunque me den con la mano del metate
aunque me echen al pozole
a los tamales
a las tostadas con carne..."

Aunque me digan
RICARDO YÁÑEZ

Caldo michi

1 k	pescado bagre limpio (en trozos)
600 g	jitomate
8	chiles verdes
3	cebollas
3	dientes de ajo
3	peroncitos o ciruelas verdes
2	hojitas de laurel
2	limones
·	cilantro y albahaca
·	orégano
·	sal, al gusto

- ❦ Hervir dos litros de agua; agregar jitomate y cebolla picada, los chiles (unos abiertos y otros enteros), hierbas de olor y sal.
- ❦ Incorporar el pescado cuando la cebolla esté cocida; dejarlo cinco minutos, retirar y quitarle el pellejo; volverlo a poner en el caldo para que se sazone.
- ❦ Añadir los perones en rajitas (cuidar que el pescado no se despedace).
- ❦ Servir con limón.
- ❦ Rinde 8 raciones.

Sopa de zanahoria

1/2 k	zanahorias
1 1/2	litros de caldo de res
2	cucharadas de aceite
2	cucharadas de harina
1	cebolla
1	diente de ajo
1	jitomate grande

- ❦ Cocer y licuar las zanahorias.
- ❦ Freír la harina en aceite; cuando dore, agregar jitomate molido con ajo y cebolla y colado; dejar resecar.
- ❦ Añadir el caldo con las zanahorias licuadas, hervir un rato más.
- ❦ Rinde 6 raciones.

Sopa juliana

1 1/2	litros de caldo
1	taza de chícharos pequeños
3	nabos grandes
3	zanahorias grandes
2	papas grandes
1	cebolla chica
1	cucharada de aceite
1	diente de ajo
1	jitomate grande
1	poro
1	rebanada de col
1	tronco de apio
·	pan frito en cuadritos
·	sal y pimienta, al gusto

- ❦ Cortar las zanahorias, los nabos y las papas (sin cáscara) en tiras delgadas; rebanar finamente la col, el apio y el poro.
- ❦ Licuar el jitomate asado (sin piel ni semillas) con la cebolla y el ajo.
- ❦ Freír las verduras crudas; cuando acitronen, agregar el jitomate molido y freír; añadir el caldo colado, los chícharos y dejar hervir; sazonar con sal y pimienta.
- ❦ Servir con cuadritos de pan frito.
- ❦ Rinde 6 raciones.

Caldo de camarón

1 k	camarón cocido
1	taza de camarón seco
4	chiles anchos secos
4	cucharadas soperas de harina de maíz
4	jitomates medianos
1	cebolla mediana
1	diente de ajo grande
·	manteca
·	sal y pimienta, al gusto

- Licuar el chile ancho (previamente remojado en agua caliente) con ajo, cebolla, jitomates y camarón seco.
- Calentar la manteca y añadir harina de maíz (revolver constantemente hasta que se dore).
- Incorporar lo que se licuó y dejar sazonar cinco minutos.
- Agregar agua hirviendo (la necesaria) y los camarones frescos, sazonar con sal y pimienta; dejar hervir durante veinte minutos.
- Rinde 10 raciones.

Sopa de hierbas finas

1/2 k	papa cocida y prensada
1 1/2	litros de caldo sazonado
3	troncos de apio picados
2	cucharadas de perejil picado

- Hervir el caldo; al soltar el hervor, agregar la papa y revolver bien.
- Añadir perejil y apio; dejar cocer.
- Rinde 6 raciones.

Sopa azteca de tortilla

1/2 k	tortillas en tiras fritas
1	litro de caldo de res
3	chiles guajillo
2	jitomates
1	cebolla chica
1	chile chipotle
1	rama de epazote
·	ajo
·	aguacates
·	cilantro
·	chicharrón
·	queso panela

- Cocer los jitomates con chile guajillo, licuar con ajo y cebolla; colar, freír y añadir el caldo de res y el agua donde se cocieron; agregar la rama de epazote.
- Incorporar las tortillas cuando la preparación esté hirviendo
- Servir con chile chipotle, queso panela, chicharrón, rebanadas de aguacate y cilantro.
- Rinde 6 raciones.

Sopa de cebolla con pollo

2	pechugas de pollo
2 1/2	cebollas
2	dientes de ajo
3	cucharadas de aceite
3	cucharadas de mantequilla
2	cucharadas de perejil picado
1	cucharadita de consomé en polvo
·	sal, al gusto

- Cocer las pechugas en dos litros de agua con ajo, media cebolla y sal.
- Deshebrarlas en pedazos grandes y colar el caldo.
- Calentar mantequilla y aceite y acitronar las otras dos cebollas rebanadas; agregar caldo, consomé en polvo y perejil; dar un hervor.
- Servir con pollo desmenuzado.
- Rinde 8 raciones.

Sopa de yemas

10	yemas de huevo
8	tazas de caldo de pollo
4	jitomates grandes
3	claras de huevo
2	cucharadas de mantequilla
1	cucharadita de fécula de maíz
1	trozo de cebolla
1/2	limón (el jugo)
·	sal y pimienta, al gusto

- Mezclar las yemas ya cocidas con las claras crudas, un poco de sal y jugo de limón; hacer bolitas del tamaño de un garbanzo.
- Derretir la mantequilla y dorarla; agregar fécula de maíz y jitomate molido y colado con cebolla; freír un momento.
- Añadir el caldo y sazonar con sal y pimienta; hervir a fuego vivo.
- Incorporar las bolitas de huevo, una por una (si la primera se deshace, mezclar otra clara y volver a formar las bolitas).
- Tapar y hervir a fuego suave durante veinte minutos; servir caliente.
- Rinde 8 raciones.

Pozole

250 g	cabeza de cerdo
250 g	maíz cacahuazintle
250 g	retazo macizo de cerdo
230 g	espinazo de cerdo
5	cebollas grandes
5	limones
3	cucharadas de cal
2	patitas de cerdo
1	cabeza de ajo
1	lechuga
1	manojo de rábanos chicos
·	orégano molido
·	salsa picante

- Lavar el maíz, agregarle cal y dos litros de agua, ponerlo en el fuego; cuando se le pueda quitar la cáscara, restregarlo y lavarlo bien.
- Descabezar el maíz y cocerlo a fuego fuerte con bastante agua y la cabeza de ajo pelada (el maíz debe reventar).
- Agregar la carne en trozos a que se cueza; sazonar con sal (cuando la carne ya esté cocida).
- Servir con lechuga y cebolla picadas, rebanadas de limón y de rábanos, salsa picante y orégano.
- Rinde 10 raciones.

Sopa nutritiva

- 1 1/2 litros de caldo de las alubias
- 1 taza de alubias cocidas y molidas
- 1/2 taza de garbanzo cocido
- 2 papas cocidas, picadas en cuadritos
- 1 jitomate molido con ajo y cebolla
- · jamón y tocino fritos y picados

❦ Freír el jitomate colado; agregar tocino, jamón y puré de alubias; revolver bien.

❦ Incorporar el caldo a que dé un hervor junto con las papas y los garbanzos; sazonar al gusto.

❦ Rinde 6 raciones.

Sopa de arroz "exquisita"

- 1/4 k arroz
- 1/4 litro de crema
- 1/4 litro de leche
- 4 huevos cocidos
- 3 pimientos morrones rojos (enlatados)
- 3 pimientos morrones verdes cocidos
- 1 cebolla
- 1 lata de atún

❦ Lavar el arroz, cocerlo en dos tazas de agua, una cebolla y sal; al resecar, añadir la leche para terminarlo de cocer.

❦ Pasarlo por un prensador junto con los chiles rojos y los verdes y los huevos cocidos; alternar los ingredientes para que la preparación se vea de colores.

❦ Colocarla en un recipiente refractario untado de mantequilla; acomodar en el centro el atún desmenuzado y la crema; hornear diez minutos.

❦ Rinde 8 raciones.

Macarrones en salsa de chile poblano

- 1/2 k macarrón cocido
- 1/4 k queso Chihuahua rallado
- 1 taza de crema
- 6 chiles poblanos
- 5 cucharadas de mantequilla
- 1 cucharada de consomé en polvo

❦ Asar, pelar y desvenar los chiles; cortarlos en rajas.

❦ Freír ligeramente la mitad de los chiles en tres cucharadas de mantequilla; licuar el resto con la crema y el consomé en polvo.

❦ Engrasar con mantequilla un molde refractario; colocar capas sucesivas de macarrón, crema licuada con el chile, rajas y queso rallado.

❦ Sazonar con sal y pimienta; hornear a 200°C quince minutos.

❦ Rinde 8 raciones.

Sopa de papa

1/2 k papas cocidas
150 g queso añejo
200 g longaniza
200 g mantequilla
1/2   taza de crema
1   cucharada de polvo para hornear
·   sal y pimienta, al gusto

- Prensar las papas, agregar polvo para hornear, mantequilla, sal, pimienta y la mitad del queso; amasar y preparar rollitos de dos centímetros de largo.
- Acomodar una capa de rollitos de papa en un molde engrasado; poner encima longaniza frita y desmenuzada, queso rallado y trocitos de mantequilla.
- Cubrir con crema y queso rallado, hornear durante quince minutos.
- Rinde 6 raciones.

Mariscos, Pescados y Verduras
MARISCOS, PESCADOS Y VERDURAS

Los productos del mar en la cocina familiar jalisciense hacen recordar, de inmediato, el largo y hermoso litoral de la entidad y las riquezas de su mar océano. Dorado Pacífico de aguas azules y fauna abundante y promisoria.

Resaltan, como principio ilustre, tras haberse abierto el apetito con unas empanaditas de pescado fresco y unos originales ostiones en escabeche, cinco fórmulas mágicas para preparar el delicioso camarón. Se le puede adobar con chile de árbol, añadiéndole cierto toque europeo con una pizca de jengibre, en las horriblemente llamadas y exquisitas cucarachas de camarón, o bien servirlo molido, combinándolo con puré de papa y pimiento morrón, hasta cuajar en una soberbia rosca refrigerada.

Más típicamente mexicanos resultan platillos como el tatixhuitl, en el cual el crustáceo se ahoga en una salsa de chile pico de pájaro, o las tortas de camarón, en las que alterna con unos nopales bien cuidados. Como expresión de herencias comunes, vecindades y cercanías, se agrega a continuación una preparación de camarón al modo nayarita, deliciosa; interviene en ella, atención, la salsa huichol hermanada con la inglesa y todo se corona con el italiano toque del queso parmesano, refulgente en su gratinada blancura.

Prosigue la sección de los pescados. Oportunidades milagreras da Jalisco. Si no, véanse los secretos que regala su cocina. En el escabeche de pescado blanco, delicadamente reposado en la cazuela, el tono lo dan el tomillo y la mejorana y, por supuesto, el ajo, el laurel y el aceite. En el denominado "a la mexicana" se percibe cierta influencia jarocha –de un mar al otro, el tránsito y la nostalgia son fluidos– y la clave está, quizá, en el horneado con papel aluminio. El estofado no distingue entre especies lacustres o marinas, lo cual puede hacerlo siempre oportuno, pero su gusto queda determinado por el chile pasilla y el vinagre.

Suculento resulta el pescado horneado en jugo de naranjas, tras haberlo rellenado con verduras; el bagre, al estilo Chapala, va en rebanadas y por capas alternas de cebolla, jitomate, chiles güeros y hierbas de olor. Para terminar los pescados, llegan las exquisitas y bien vistas mojarras de la costa: esta vez se empanizan y se doran y luego se bañan, a pulso firme, con una salsa de chile verde.

¿Quién, que sepa, no sabe las bondades del huerto y granero jalisciense? En primer lugar aparece una receta clásica: la manera de preparar una tortilla de huevo con flores de colorín, ese árbol que tanto embellece la primavera con sus rojas y florales llamaradas. Sigue una surtida variedad de las buenas verduras de la zona: se tiene desde un apetitoso guisado de granos de elote con chile poblano y queso panela derretido, o unas tortitas de nopales rebozadas en huevo y servidos en salsa de chile ancho; una inolvidable torta de calabacitas; unas rajas de poblano con crema que atinadamente proponen para adornar el arroz o para degustarlas en tacos; un vigoroso rollo de papas cocidas relleno de verdura, hasta los champiñones rellenos con parmesano y tocino, de sabor más europeo, o la coliflor con queso tipo Gruyère, que igual semeja llegar de latitudes nórdicas.

Para terminar tan rico apartado se agregan las recetas de unas sencillas y frescas ensaladas: pepinos con jitomate o con lechuga; manzana con piña en almíbar, pimientos morrones y nuez, o bien una atractiva manera de reunir el queso crema con pepino, papas y, otra vez, el andalucismo del pimiento morrón.

"Se hizo un largo silencio en homenaje a unos chiles rellenos forrados de huevo. Trascendía la manteca requemada y el queso hacía hebras."

Avanzada
MARIANO AZUELA

Empanaditas de pescado

500 g	harina
250 g	manteca
1/4	taza de agua helada
2	cucharaditas de polvo para hornear
1	cucharadita de sal
1	huevo
	Relleno
1/4 k	jitomate
500 g	pescado fresco, cocido
1	cebolla chica
.	aceitunas
.	aceite
.	fruta en vinagre
.	sal y pimienta

- ❧ Cernir la harina con el polvo para hornear.
- ❧ Incorporar manteca y agua helada con sal hasta formar una pasta; dejar reposar durante una hora en el refrigerador; extenderla luego con el palote y cortar ruedas.
- ❧ Rellenar las ruedas con pescado; unir bien las orillas, embetunar con huevo y colocar en moldes engrasados; hornear a temperatura regular (250°C).
- ❧ Para preparar el relleno, moler jitomate con cebolla, colar y freír; sazonar con sal y pimienta; incorporar la fruta en vinagre picada, aceitunas, el pescado desmenuzado y un poco de caldo; retirar del fuego cuando espese.
- ❧ Rinde 6 raciones.

Ostiones frescos en escabeche

30	ostiones
1/2	taza de aceite de oliva
4	cucharadas de vinagre
4	pimientas negras
3	dientes de ajo
1	cebolla
1	limón
.	chiles jalapeños
.	sal, al gusto

- ❧ Cocer los ostiones con cuatro cucharadas de agua, jugo de limón y sal; hervir de dos a tres minutos.
- ❧ Picar cebolla finamente y remojarla cuatro minutos en agua caliente.
- ❧ Escurrir y agregar al vinagre preparado con ajo molido con pimienta.
- ❧ Incorporar los chiles en tiritas, los ostiones en su jugo y aceite de oliva.
- ❧ Tapar y conservar en lugar fresco durante tres horas; sazonar al gusto.
- ❧ Rinde 6 raciones.

Cucarachas de camarón

1 k	camarón
1	barra de mantequilla
.	ajo
.	chile de árbol
.	jengibre
.	sal, al gusto

- ❧ Macerar los camarones con jengibre, ajo y sal molidos durante una hora; freírlos en mantequilla.
- ❧ Cocer el chile de árbol y molerlo con una taza de agua; colarlo y agregarlo a los camarones.
- ❧ Revolver los camarones hasta que resequen.
- ❧ Rinde 6 raciones.

Tatixhuitl

1 k	camarón
·	aceite
·	chile pico de pájaro
·	masa
·	sal y cominos, al gusto

- Cocer y pelar los camarones; aparte, cocer los chiles.
- Licuar los chiles con el agua del camarón, comino, sal y la masa; colar.
- Freír en un poco de aceite y revolver constantemente para que no se formen grumos.
- Incorporar los camarones y añadir un poco de caldo.
- Rinde 8 raciones.

Rosca de camarón

2 k	camarón cocido y limpio
1 k	puré de papa
100 g	mantequilla
1 1/2	tazas de pimiento morrón picado
1/2	taza de crema
1/2	taza de mayonesa
4	dientes de ajo finamente picados
1	cebolla finamente picada
·	sal y pimienta

- Licuar el camarón cocido para formar una pasta.
- Freír en mantequilla cebolla picada y ajo; incorporar el camarón molido.
- Retirar del fuego y mezclar con puré de papa, crema, sal y pimienta.
- Untar un molde de rosca con mayonesa y refrigerar durante media hora (hasta que la mayonesa se adhiera al molde).
- Colocar capas de pimiento morrón picado y de puré, presionar; refrigerar dos horas antes de servir.
- Rinde 12 raciones.

Tortas de camarón con nopales

1 k	nopales cortados en cuadritos
1/2 k	camarón seco pelado
14	tomates verdes
5	ramitas de cilantro
3	huevos (separar clara y yema)
2	cebollas rebanadas
·	aceite
·	chiles cuaresmeños, al gusto
·	pimienta

- Cocer los nopales con cáscaras de tomate verde para eliminar la baba.
- Remojar los camarones en agua caliente; cambiar varias veces el agua, cuando estén un poco blandos, licuarlos.
- Batir las claras de huevo a punto de nieve; agregarlas al camarón en forma envolvente junto con pimienta y las yemas de huevo.
- Freír cucharadas de esa pasta en aceite caliente, dejarlas dorar; escurrir la grasa.
- Licuar tomates, cilantro, casi toda la cebolla y los chiles con un poco de agua (para preparar una salsa ligera); freír con la cebolla sobrante acitronada en aceite.
- Incorporar los nopales cocidos y las tortas; hervir cinco minutos.
- Rinde 8 raciones.

Camarones al modo nayarita

1/2 k	camarones crudos
1/2 k	espinacas
1/4 k	nabo picado
100 g	mantequilla
1/2	taza de pan molido
1/4	taza de queso parmesano rallado
2	cucharadas de apio picado
2	cucharadas de perejil picado
2	cucharadas de salsa huichol embotellada
2	dientes de ajo picados
·	salsa inglesa
·	salsa Tabasco
·	sal, al gusto

- Limpiar los camarones crudos y enjuagarlos bien.
- Lavar las espinacas y cocerlas con un poco de sal.
- Freír en mantequilla, a fuego lento, apio, nabo, perejil y ajo; incorporar las espinacas; sazonar con sal, salsa inglesa, salsa Tabasco y salsa huichol.
- Agregar los camarones cortados en cuadritos; reservar unos cuantos enteros para adornar.
- Repartir los camarones con verduras en ocho platos individuales; cubrir con una mezcla preparada con dos cucharadas de mantequilla, pan molido y queso.
- Adornar el centro con dos o tres camarones enteros; presionar para que penetren en el relleno.
- Hornear a calor moderado durante veinte minutos; el queso debe gratinar y los camarones dorarse ligeramente.
- Rinde 8 raciones.

Pescado estofado

1 k	pescado bagre, robalo o huachinango
1/2 k	jitomate picado
1/4 k	cebolla en rodajas
1	taza de vinagre
1/2	taza de aceite
4	chiles pasilla sin semillas, fritos y picados

- Colocar las rebanadas de pescado en un recipiente refractario.
- Cubrirlas con los demás ingredientes, condimentar con sal y pimienta; tapar.
- Hornear durante media hora.
- Rinde 8 raciones.

Pescado a la mexicana

1 k	pescado limpio rebanado
3/4 k	jitomate
300 g	cebolla
200 g	queso rallado
1/2	taza de aceite
1/2	taza del vinagre de los chiles
8	chiles jalapeños
4	dientes de ajo
·	sal, al gusto

- Acomodar las rebanadas de pescado en un recipiente refractario.
- Picar finamente el jitomate, la cebolla, los ajos y los chiles jalapeños; mezclar con aceite y vinagre.
- Cubrir el pescado con esta preparación; añadir sal y queso rallado.
- Tapar con papel aluminio y hornear durante veinticinco minutos.
- Rinde 8 raciones.

LA COCINA DE JALISCO

LA COCINA DE JALISCO III

Escabeche de pescado blanco en jitomate

6	pescados blancos limpios
1/4	litro de aceite
1/2	litro de agua
10	dientes de ajo
1/2	taza de aceitunas
6	jitomates maduros
1	cucharada de azúcar
1	cucharada de sal
1	hoja de laurel
1	rama de mejorana
1	rama de tomillo

- Dejar los pescados abiertos en agua tibia durante media hora; despegar el espinazo y luego las espinas.
- Freírlos en aceite por ambos lados; retirarlos y acomodarlos en una cazuela.
- Freír jitomate y ajo en aceite; sazonar con azúcar, sal, tomillo, mejorana y laurel; añadir agua.
- Cuando espese, colar sobre los pescados; dejar reposar y servir al día siguiente; adornar con aceitunas.
- Rinde 6 raciones.

Pescado al horno en jugo de naranja y verduras

1	huachinango limpio
1/4 k	chícharos
200 g	mantequilla
1/2	taza de aceitunas
6	naranjas
2	limones
1	chayote mediano
1	papa mediana
1	zanahoria grande
·	rebanadas de naranja
·	sal, al gusto

- Abrir el pescado a la mitad y rellenarlo con verduras finamente picadas; bañarlo con jugo de limón y de tres naranjas; añadir trocitos de mantequilla y sal.
- Cocer en el horno a calor mediano durante veinticinco minutos; agregar poco a poco el jugo de las naranjas restantes.
- Adornar con rebanadas de naranja.
- Rinde 8 raciones.

Bagre estilo Chapala

1 k	pescado bagre en rebanadas
700 g	jitomate
4	chiles güeros
3	hojas de laurel
2	cebollas
2	limones
1	rama de mejorana
1	rama de tomillo
·	sal y pimienta

- Condimentar el pescado con sal, pimienta y jugo de limón.
- En una cazuela de barro colocar una capa de cebolla picada, una de jitomate picado y rebanadas de pescado; añadir encima cebolla, jitomate, chiles en rajas, hierbas de olor, sal y pimienta.
- Tapar bien y sellar con masa.
- Cocer a fuego suave.
- Rinde 8 raciones.

Mojarras fritas

1 k	mojarras
4	jitomates
2	dientes de ajo
1	cebolla
·	aceite
·	chiles verdes
·	harina
·	sal, al gusto

- Limpiar y enharinar las mojarras; dorarlas en aceite por ambos lados (procurar que no se peguen).
- Licuar jitomate y chiles cocidos con sal y ajo; freír aparte la cebolla finamente picada, cuando acitrone, agregar el jitomate licuado.
- Bañar las mojarras con esta salsa.
- Rinde 8 raciones.

Tortilla de flor de colorín

1/2 k	flor de colorín
6	huevos
1	diente de ajo
·	aceite
·	cebolla picada
·	sal y pimienta

- Lavar las flores de colorín y extraer los pétalos (que son los que se utilizan).
- Hervirlos en un litro de agua con un diente de ajo durante veinte minutos; escurrir.
- Picar la cebolla; batir los huevos con sal y pimienta.
- Dorar la cebolla, agregar los pétalos y los huevos batidos; revolver.
- Freír la tortilla en aceite caliente a fuego suave (cocerla por ambos lados); servir cuando cuaje.
- Rinde 6 raciones.

Guisado de elote

3	elotes grandes, desgranados
1/2	litro de leche
1	chile poblano
1	cucharada de aceite
1	jitomate
1	pizca de bicarbonato
·	queso panela
·	sal, al gusto

- Freír los granos de elote en aceite, agregar jitomate picado y chile en rajas; condimentar con sal, revolver y dejar freír un poco.
- Agregar la leche y una pizca de bicarbonato; dejar hervir a fuego lento hasta que el elote esté cocido.
- Retirar y añadir queso panela en rebanadas delgadas; tapar la cacerola mientras se suaviza el queso.
- Rinde 6 raciones.

Nopalitos rellenos

2	docenas de nopales tiernos
5	chiles anchos
4	huevos
3	dientes de ajo
2	cebollas
1	pizca de bicarbonato
·	caldo
·	harina
·	manteca
·	queso fresco
·	sal y pimienta

- Cocer los nopales en agua con sal, cebolla y una pizca de bicarbonato; colar y revolcarlos en harina.
- Unirlos de dos en dos, rellenarlos con rebanadas de queso; pasar cada juego por huevo batido con una cucharada de harina; sazonarlos con sal y pimienta y freírlos en manteca suficiente.
- Sofreír, desvenar y moler los chiles con ajo y cebolla; freírlos en una cucharada de manteca y agregar un poco de caldo; dejar espesar.
- Incorporar los nopales rellenos y darles un hervor.
- Rinde 8 raciones.

Torta de calabacitas

1/2 k	calabacitas tiernas
1/4 k	harina de arroz
250 g	queso fresco rallado
200 g	mantequilla
5	cucharaditas de azúcar
3	huevos
2	chiles poblanos asados
2	cucharadas rasas de polvo para hornear
1/2	cucharadita de sal

- Acremar la mantequilla, agregar azúcar y seguir batiendo.
- Añadir los huevos, uno por uno, sin dejar de batir, la harina de arroz (cernida con el polvo para hornear), sal y, por último, las calabacitas ralladas en crudo; batir.
- Colocar la mitad de la pasta en un molde refractario engrasado con mantequilla; añadir encima queso rallado y rajas de chile poblano; cubrir con la otra mitad de pasta y hornear durante una hora.
- Rinde 6 raciones.

Champiñones rellenos

1 k	champiñones gigantes
1/4 k	espinacas
100 g	tocino picado
100 g	queso parmesano
1	cucharada de pan molido
1	cucharadita de mantequilla
·	mantequilla
·	pimienta y ajo, al gusto

- Lavar los champiñones, quitarles los tallos y ahuecarlos.
- Picar los tallos de los hongos y las espinacas; freírlos en la grasa del tocino y una cucharadita de mantequilla; agregar pimienta, ajo picado y pan molido.
- Rellenar los champiñones y espolvorearles queso; hornear durante diez minutos a 200°C.
- Rinde 8 raciones.

Rajas con leche

100 g	mantequilla
1	litro de caldo de pollo
1/4	litro de crema
8	chiles poblanos
3	cebollas grandes
1	queso fresco

- Acitronar en mantequilla las cebollas rebanadas.
- Antes de que doren, añadir los chiles poblanos (asados, pelados y cortados en rajas).
- Agregar la crema y el caldo, dejar hervir unos minutos.
- Añadir la mitad del queso en rebanadas, dejar espesar un poco el caldillo y sazonar con sal; retirar del fuego y colocar encima rebanadas de queso; servir sobre arroz blanco.
- Rinde 8 raciones.

Rollo de papas con verdura

6	papas medianas
1/4	litro de crema
1	taza de chícharos cocidos
5	cucharadas de perejil
3	calabacitas cocidas
3	zanahorias cocidas
1	barrita de mantequilla
·	chiles jalapeños
·	sal, al gusto

- Cocer las papas peladas con sal; prensarlas con mantequilla y perejil picado; acomodar este puré sobre una servilleta húmeda y extenderlo.
- Colocar encima calabacitas, zanahorias, chícharos, chiles jalapeños y crema; enrollar en la servilleta y refrigerar la preparación (envuelta), durante dos horas.
- Rebanarla y servir para acompañar carne o pescado.
- Rinde 6 raciones.

Coliflor con mantequilla y queso Gruyère

1	coliflor mediana
4	cucharadas de mantequilla
2	cucharadas de cebolla finamente picada
2	cucharadas de perejil finamente picado
·	queso Gruyère rallado
·	sal y pimienta

- Cocer la coliflor en trozos con sal; escurrirla y ponerla en un refractario con los demás ingredientes.
- Sazonar con sal y pimienta; tapar y hornear a calor suave durante veinte minutos; espolvorear queso Gruyère.
- Rinde 6 raciones.

Ensalada de pepinos y lechuga

3	pepinos grandes
1	lechuga romana
4	cucharadas de mayonesa
·	sal y pimienta

- Pelar los pepinos y rebanarlos, partir la lechuga en trozos grandes, agregar mayonesa, pimienta y sal.
- Revolver y refrigerar antes de servir.
- Rinde 6 raciones.

Ensalada de pepinos

4	pepinos grandes
2	jitomates maduros
1	lechuga
1	limón (el jugo)
·	sal y pimienta

- Pelar y picar los pepinos, cortar el jitomate en pedacitos y la lechuga en rebanadas gruesas.
- Agregar jugo de limón, sal y pimienta al gusto.
- Rinde 6 raciones.

Ensalada de queso crema

1/4 k	papas sin cáscara
1/4 k	queso crema
1/4	litro de crema
1	pepino
1	pimiento morrón verde

- Cocer las papas y partirlas en cuadritos, pelar el pepino y cortarlo en cuadritos lo mismo que el pimiento morrón (sin semillas).
- Añadir queso crema y la crema a la verdura picada; sazonar con sal y pimienta.
- Rinde 6 raciones.

Ensalada de manzana, piña y papas

250 g	papas
125 g	crema
50 g	nuez picada
1 1/2	tazas de piña en almíbar (picada)
3	manzanas
2	pimientos morrones enlatados
2	cucharadas de mayonesa
·	sal y pimienta

- Cocer, pelar y picar las papas.
- Pelar las manzanas y picarlas en cuadritos; picar la piña y los pimientos morrones; agregar crema, mayonesa, sal y pimienta.
- Revolver y espolvorear nuez picada.
- Rinde 6 raciones.

RECETAS

IV. Aves y Carnes

Las aves de corral desfilan amables por el inicio de este apartado. Las proponen así, gratas, coquetonas, suculentas, arte y ciencia culinarios de la buena mesa jalisciense. Viene primero un pastel de indio, con la variante de unas pechugas aztecas: en ambos platillos la sabiduría de la tortilla sirve como sustento al rico guiso horneado. El primero requiere chile poblano y el segundo chipotle, pero cualquiera que sea la selección, los resultados se garantizan a simple vista.

De pollo es también el "bote de río", va ahora con verduras en frijol negro caldosito, y a continuación se asoma en un aromático pipián de calabaza que precisa chile de árbol y maíz colorado, y se presenta luego en un delicioso mole de arroz, en el que los chiles que se requieren son el pasilla y el cascabel, para luego dejarle el lugar a una gorda gallina; la doña se asoma en un mole verde, a base de chile poblano y tomate, satisfacción de nativos y fuereños. Para el mole estilo Jalisco se requiere en cambio una tramoya más seria. Se recurrió, pues, a los más antiguos pobladores y se hizo llegar un ilustre guajolote. La receta enumera cuidadosamente el cúmulo de los ingredientes y los pasos que deben darse en su confección; el premio puede ser la beatitud.

Otro tipo de mole, también con guajolote, llámase con o sin sorna, castellano, exige finos piñones, nueces, avellanas, pan de huevo y un poco de chile ancho, de lo que se desprende que el de Castilla es un mole inofensivo, suavecito, muy gustoso. La oronda ave vuelve y hace la ocasión festiva. Se trata ahora del nunca demasiado alabado y siembre bien recibido manchamanteles, platillo barroco, mestizaje pleno, con su colorida sinfonía de ingredientes en los que no se olvida la piña, la manzana y el plátano, para no glosar los chiles, los chorizos o las hierbas de olor.

Antes de pasar a cuadrúpedos de mayor porte se ofrece como transición una recomendabilísima receta cuya base es la carne de conejo, mucho menos aprovechada en la dieta general del país de lo que sería deseable. Bases tiene para el desarrollo de una productiva industria y una económica y nutritiva variante culinaria. En el caso que se presenta se sugiere preparar el conejo en un buen pipián y la fórmula incorpora media docena de xoconostles, pues estos ácidos frutos depuran cualquier fuerte aroma animal.

Las recetas con carne de cerdo son, aquí, ilustres. El recetario de la cocina familiar jalisciense inicia esta parte con un fiambre de patitas de puerco que demanda un fino trabajo para ofrecerlas rellenas con lengua, filete, lomo de cerdo, jamón y pechuga de pollo, bien mezclados con crema, jerez y huevo. Una delicia. Propone luego guisar el cerdo con los populares quelites o con una salsa que lleva cacahuate molido. Los filetes de puerco que después sugiere se fríen y cuecen con jugo de naranja y un poco de chile ancho. No son difíciles de cocinar y de hecho tampoco lo es el lomo tapatío, que incorpora pulque y va al horno.

Tres recetas a base de carne de res cierran la sección. La lengua en huerto se acompaña de plátano macho, manzanas y frutas en vinagre. Tan deleitosa resulta que logra acallar la más estrepitosa reunión. Vienen a continuación las populares y nobles pacholas para las cuales se solicita, con justeza, el mexicano metate. Más que una antigualla, el método es la clave de la fórmula. Finalmente llega una carne "margarita". Se trata de un platillo a base de cuete de res, adornado con un huevo cortado en forma de flor y con salsa de aguacate, calabacitas y cebolla. La presentación tiene gracia, sin duda, pero el guiso es tan apetitoso que no hay comensal que se niegue a deshojar la margarita.

Almuerza bien, come más… cena poco y vivirás

Pastel indio

1	pollo cocido (sin huesos)
1/4 k	jitomate molido
200 g	queso (que haga hebra)
1 1/2	tazas de caldo de pollo
10	tortillas fritas
3	cebollas grandes rebanadas
3	chiles poblanos asados y en rajas
1	cucharada de harina
1	cucharada de manteca
·	sal, pimienta y orégano

- ❦ Freír las cebollas y las rajas en manteca hasta acitronarlas.
- ❦ Agregar carne de pollo desmenuzada, jitomate y harina; sazonar con sal, pimienta y orégano; añadir taza y media de caldo de pollo y dejar resecar.
- ❦ Acomodar en una cazuela engrasada con manteca, una capa de tortillas, una de pollo con rajas y, por último, el queso; hornear.
- ❦ Rinde 8 raciones.

Pechugas azteca de pollo

3	pechugas de pollo
1/2 k	jitomate asado y molido
1/4 k	queso tipo Oaxaca
12	tortillas
6	cucharadas de aceite
3	cucharada de cebolla finamente picada
4	chiles chipotle enlatados (licuados)
3	dientes de ajo chicos
·	sal, al gusto

- ❦ Freír las pechugas deshuesadas y partidas a la mitad; retirar.
- ❦ Freír cebolla, ajo y jitomate licuado en la grasa restante, agregar chile chipotle y sal; dejar cocinar durante dos minutos.
- ❦ Pasar las tortillas por el aceite sin que se doren; acomodarlas en un recipiente refractario.
- ❦ Colocar encima las medias pechugas, cubrirlas con salsa y añadir encima rebanadas de queso; hornear hasta que el queso se gratine.
- ❦ Rinde 6 raciones.

Pipián

1	pollo
1/2 k	semillas de calabaza
200 g	maíz colorado
200 g	manteca de puerco
150 g	chilacate
1 1/2	tazas de caldo de pollo
3	dientes de ajo
1	cebolla mediana
·	chile de árbol seco
·	sal, al gusto

- ❦ Cocer el pollo partido en piezas con sal, ajo y cebolla.
- ❦ Dorar en manteca las semillas de calabaza, los chiles y el maíz.
- ❦ Moler en metate lo que se ha dorado, sin nada de agua, hasta que salga la grasa de las semillas; diluir en taza y media de caldo de pollo y freír en poca manteca.
- ❦ Incorporar el pollo cuando la preparación suelte el hervor; dejar hervir un momento más para que sazone.
- ❦ Rinde 6 raciones.

Bote de río

1	gallina
4	patitas de puerco
1/2 k	frijol limpio
1/2 k	huesos de pierna de cerdo
250 g	ejotes
6	nabos
3	poros
6	zanahorias
6	calabazas
4	dientes de ajo
3	cebollas
1	col chica
·	sal, al gusto

- Remojar los frijoles en agua fría durante ocho horas; cocerlos en seis litros de agua junto con la gallina cortada en raciones, las patitas de puerco y los huesos.
- Incorporar las verduras cuando estén casi cocidos el frijol y la carne; sazonar con sal y dejar cocinar (el caldillo debe quedar espeso).
- Rinde 12 raciones.

Mole de arroz

1	pollo
1 1/2	tazas de arroz limpio y remojado
6	pimientas
4	chiles pasilla
4	dientes de ajo
4	tomates verdes
3	chile cascabel
2	cebollas medianas
1	cucharadita de cominos
1	jitomate
·	chiles jalapeños en vinagre
·	lechuga
·	sal y aceite

- Cocer el pollo, partido en piezas, en litro y medio de agua con cebolla y sal; colar el caldo y reservar una taza.
- Cocer el arroz en el resto del caldo a fuego suave y rectificar la sal.
- Limpiar y desvenar los chiles y dorarlos en aceite (sin dejarlos quemar); freír cominos, pimientas, ajos, cebollas, el jitomate y los tomates partidos.
- Remojar los chiles en el caldo caliente que se apartó; licuar todos los ingredientes y freírlos en aceite caliente; incorporar el arroz y hervir un minuto.
- Servir el arroz con una pieza de pollo, adornar con una hoja de lechuga y chiles jalapeños.
- Rinde 8 raciones.

Mole verde

1	gallina
1/4 k	semilla de calabaza
300 g	tomates verdes
10	chiles poblanos limpios
4	pimientas
2	clavos de olor
1	bolillo
1	cebolla
1/2	cucharada de orégano
1/2	tortilla de maíz
·	manteca
·	sal, al gusto

- Cocer la gallina partida en piezas en agua con cebolla y sal.
- Freír en manteca los chiles, el bolillo, la tortilla, los tomates y las semillas de calabaza con cáscara.
- Licuar todo con un poco de caldo de gallina, colar y freír con una cucharada de manteca; incorporar las piezas de gallina cocidas y un litro de caldo, las pimientas, clavos y orégano.
- Dejar hervir hasta que el mole espese.
- Rinde 8 raciones.

Mole de guajolote estilo Jalisco

1	guajolote cocido
150 g	manteca
75 g	almendras
75 g	cacahuates
75 g	semillas de calabaza
50 g	ajonjolí tostado
50 g	chocolate
2	litros de caldo
3	cucharadas de semillas de los chiles
3	cucharadas de vinagre
2	cucharadas de ajonjolí
15	tomates verdes
10	chiles anchos
8	chiles mulatos
6	clavos
6	pimientas
4	chiles pasilla
3	dientes de ajo
3	tortillas
3	jitomates
1	bolillo
1	raja gruesa de canela
·	azúcar

- Desvenar todos los chiles en seco y freírlos ligeramente en manteca (procurar que no se quemen porque se amargan); molerlos cuando todavía están calientes.
- Dorar en manteca el pan, tortillas, pepitas, almendras, cacahuates y dos cucharadas de ajonjolí; moler todo sin agua.
- Freír en crudo tomates y jitomates partidos; licuar con clavos, pimientas, canela y ajo.
- Freír lo licuado en manteca requemada; revolver constantemente hasta que se disuelva bien.
- Al comenzar a hervir, agregar el chocolate, un poco de azúcar y un litro de caldo; cocinar a fuego lento; cuando reseque, agregar otro litro de caldo y el guajolote cortado en piezas.
- Dejar hervir hasta que el guiso adquiera buen espesor; fuera del fuego, añadir el vinagre y la manteca requemada.
- Al servir, espolvorear ajonjolí tostado.
- Rinde 15 raciones.

Guajolote en mole castellano

1	guajolote cocido partido en piezas
100 g	chile ancho
100 g	nueces sin cáscara
75 g	avellanas sin cáscara
75 g	piñones
50 g	manteca
3	hojas tostadas de aguacate
1/2	pieza fría de pan de huevo
·	sal y pimienta, al gusto

- ❦ Desvenar y freír los chiles en manteca; licuar con el bizcocho tostado, piñones, avellanas, nueces y las hojas de aguacate también tostadas.
- ❦ Freír en dos cucharadas de manteca; añadir un litro y medio de caldo y las piezas de guajolote cocidas; hervir hasta que la salsa espese.
- ❦ Rinde 15 raciones.

Manchamanteles

1	guajolote
500 g	jitomate
50 g	almendras doradas
50 g	manteca
3/4	litro de caldo
3	cucharadas de vinagre
1	cucharada de azúcar
10	chiles en vinagre
8	chiles anchos, asados y desvenados
6	pimientas gordas
4	manzanas
3	chiles pasilla, asados y desvenados
3	clavos
2	cebollas
2	chorizos
2	plátanos machos
1	raja de canela
1	rebanada de piña
1/2	pieza fría de pan blanco
·	ajo
·	hierbas de olor
·	sal y pimienta

- ❦ Cocer el guajolote partido en raciones con cebolla, seis pimientas gordas, hierbas de olor y sal.
- ❦ Freír los chorizos en manteca y retirarlos.
- ❦ Remojar los chiles anchos y pasilla en vinagre y agua caliente; moler con jitomate, almendras, especias, ajo y pan.
- ❦ Freír cebollas rebanadas en la grasa del chorizo; cuando acitronen, agregar la salsa; sazonar con azúcar, sal y pimienta; dejar freír unos minutos.
- ❦ Al resecar la preparación, añadir el caldo, las piezas de guajolote, frutas rebanadas, chorizo frito, chiles en vinagre, sal y pimienta.
- ❦ Hervir hasta que el guiso tenga buen espesor.
- ❦ Rinde 15 raciones.

Conejo en pipián

1	conejo limpio
1/4 k	pepitas de calabaza
8	tomates verdes
6	xoconostles
5	dientes de ajo
5	pimientas gordas
3	chiles pasilla y sus semillas
2	cebollas
1	cucharada sopera de cominos
·	aceite

- Cocer el conejo partido en piezas con una cebolla y dos dientes de ajo.
- Agregar los xoconostles (sin semillas y partidos en cuatro) cuando la carne esté casi cocida; condimentar con sal la carne ya cocida.
- Dorar las pepitas de calabaza en aceite caliente; retirar y reservar.
- Freír los chiles desvenados y sus semillas, reservar; freír también los cominos y las pimientas.
- Aparte, freír una cebolla y tres ajos con los tomates partidos.
- Moler pepitas de calabaza, chiles, cominos, pimientas, cebolla, ajo y tomates (preferentemente en metate).
- Freír este pipián en aceite caliente y darle la consistencia deseada; añadir caldo, dejar hervir a fuego lento e incorporar la carne y los xoconostles partidos.
- Rinde 6 raciones.

Fiambre de patitas de puerco rellenas

6	patitas de puerco
1	pechuga de pollo
200 g	filete molido
200 g	lomo de cerdo molido
150 g	lengua cocida
100 g	jamón cocido
5	cucharadas de crema
3	cucharadas de jerez seco
2	cucharadas de perejil picado
5	chiles jalapeños en escabeche
4	cebollas
2	aguacates
2	huevos
2	jitomates grandes
1	lechuga
·	aceite y vinagre
·	hierbas de olor
·	sal y pimienta

- Deshuesar las patitas (dejar las pezuñas); untarles sal y pimienta.
- Moler la lengua cocida; mezclarla con el filete, el lomo de cerdo y una cebolla picada.
- Incorporar los huevos, crema, jerez, jamón picado, la pechuga cortada en cuadritos, los chiles y el perejil; sazonar con sal y pimienta.
- Rellenar con esta preparación las patitas y cocerlas con aguja e hilo; envolverlas en una servilleta y atarlas con un cordón.
- Cocerlas con agua suficiente, una cebolla, media taza de vinagre, hierbas de olor, sal y pimienta.
- Retirar cuando las patitas estén suaves y calientes; prensarlas durante veinticuatro horas; rebanar y acomodar en un platón.
- Colocar alrededor lechuga picada sazonada con aceite, vinagre, sal y pimienta; adornar con rebanadas de jitomate, ruedas de cebolla desflemada en vinagre y tiritas de aguacate.
- Rinde 6 raciones.

Quelites con carne de cerdo

- 1 k carne de cerdo
- 1/2 k quelites limpios
- 1/2 k tomate verde
- 2 chiles poblanos
- 2 hojas de lechuga
- 1 diente de ajo
- 1/4 cebolla
- · chiles verdes
- · sal y pimienta

♥ Cocer la carne de puerco en poca agua con sal y pimienta.
♥ Cocer los tomates durante diez minutos; escurrir y licuar con lechuga, ajo, cebolla, chiles poblanos (asados, limpios y desvenados) y chiles verdes.
♥ Freír la carne cortada en trozos, agregar la salsa y dejar sazonar.
♥ Incorporar los quelites limpios, cocidos con sal y escurridos; hervir un momento a fuego suave.
♥ Rinde 8 raciones.

Carne de puerco en salsa de cacahuate

- 1/2 k carne de puerco
- 1/4 k cacahuates
- 3 cucharadas de aceite
- 2 cucharadas de ajonjolí
- 1 chile jalapeño
- · laurel, tomillo y perejil

♥ Cocer la carne con las hierbas de olor.
♥ Dorar los cacahuates en aceite.
♥ Tostar el ajonjolí en una cacerola tapada.
♥ Moler el cacahuate, el chile jalapeño y el ajonjolí con una taza y media de caldo.
♥ Freír lo anterior y hervirlo después a fuego lento; cuando espese, agregar la carne partida en trocitos.
♥ Rinde 6 raciones.

Filetes especiales de puerco

- 1/2 k filetes de puerco
- 2 naranjas (el jugo)
- 1 chile ancho
- 1 cucharada de manteca
- 1 diente de ajo
- · sal, al gusto

♥ Freír los filetes sazonados con sal.
♥ Dorar en manteca el chile ancho; licuarlo con jugo de naranja y un diente de ajo.
♥ Agregar a la carne, cuando el preparado esté frito, añadir agua suficiente para que se cueza la carne, sazonar al gusto; hervir a fuego lento hasta que espese.
♥ Rinde 6 raciones.

Lomo tapatío

3/4 k	lomo de puerco
3/4	litro de pulque
3	cucharadas de manteca
2	cucharadas de cilantro
8	chiles anchos limpios
2	aguacates
1	jitomate asado
1	cebolla picada
1	chile serrano asado
·	hierbas de olor
·	sal, al gusto

- ❧ Freír el lomo en manteca hasta que se dore; agregar pulque, chiles en rajitas, hierbas de olor y sal.
- ❧ Hervir a fuego lento hasta que la carne esté suave y la salsa espesa.
- ❧ Colocar la carne en un platón, bañarla con la salsa colada y acompañarla con guacamole
- ❧ Para preparar el guacamole, deshacer los aguacates con una palita de madera (para que no se ponga negra la pulpa), mezclar con jitomate molido y colado, cebolla, cilantro, chile serrano y sal.
- ❧ Rinde 6 raciones.

Lengua en huerto

1	lengua de tamaño mediano
1/2 k	jitomate
1	taza de caldo
1	taza de fruta en vinagre picada
1	taza de pulque
1	cucharada de vinagre
3	hojas de laurel
2	manzanas
1	ajo
1	cebolla rebanada
1	plátano macho
·	chiles en vinagre
·	manteca
·	pimientas enteras
·	sal, al gusto

- ❧ Cocer la lengua con pimientas enteras, hojas de laurel, ajo y sal; cuando esté suave, pelar y cortar en rebanadas; freírlas por ambos lados, reservar.
- ❧ Freír la cebolla y el jitomate partido (procurar que no se rompan), la manzana y el plátano en rodajas chicas, así como la fruta en vinagre.
- ❧ Acomodar las rebanadas de lengua en un recipiente extendido, colocar las verduras y frutas encima; agregar una taza de caldo, pulque, chiles serranos y vinagre; rectificar la sal.
- ❧ Cocer durante veinticinco minutos a fuego lento; servir caliente en su propio jugo.
- ❧ Rinde 8 raciones.

Pacholas

1 k	carne de res molida
1/2 k	jitomates asados y molidos
1	taza de consomé
1	cucharada de orégano
15	pimientas enteras
4	chiles poblanos asados y en rajas
4	dientes de ajo
1	bolillo remojado en media taza de leche
·	chiles serranos asados
·	sal, al gusto

- Moler los ingredientes en metate, excepto los chiles poblanos, los serranos y el jitomate.
- Preparar las pacholas en el metate en forma de bisteces; freírlas ligeramente y ponerlas en la salsa; hervir unos minutos.
- Para preparar la salsa, moler el jitomate con los chiles serranos, freír; agregar las rajas del poblano, una taza de consomé y dejar sazonar.
- Rinde 8 raciones.

Carne "margarita"

1 k	cuete
12	cucharadas de aceite
8	cucharadas de vinagre
4	cucharadas de vinagre
8	pimientas gordas
4	huevos cocidos
3	calabacitas
2	aguacates
1	cebolla chica
1	lechuga finamente picada
1	manojo de rábanos
·	vinagreta
·	sal y pimienta, al gusto

- Cocer el cuete en agua suficiente con vinagre, sal y pimienta; retirarlo y dejarlo enfriar; partirlo en rebanadas delgadas.
- Acomodar las rebanadas en un platón y cubrirlas con salsa.
- Para preparar la salsa, mezclar los aguacates con las calabacitas cocidas; licuar con cebolla y sazonar con sal.
- Adornar con una margarita hecha de huevo cocido y lechuga; sazonar con vinagreta (doce cucharadas de aceite y cuatro de vinagre) y adornar con rabanitos en forma de flor.
- Rinde 8 raciones.

Panes, Postres y Dulces

Dice la ilustración cinematográfica que Jalisco nunca pierde, aunque sólo la ilustración personal pueda confirmar tal dicho. Aquí, sin embargo, vale comentar que en la cocina de México pocos renglones hay tan buenos, tan variados, tan ricos y finos como la confección de panes, postres y golosinas. Y Jalisco no se podía quedar atrás.... como que es parte fundamental de esa cocina.

Pásese, pues, a los panes que ofrece esta selección de las recetas que disfrutan las familias de la entidad. Masa de nixtamal, jocoque, queso fresco y añejo son los principales ingredientes del riquísimo pan de cuajada, cuya singularidad consiste en hornearse envuelto en hojas de maíz. Una docena de huevos pide la receta tradicional del fino panqué de seda, ideal para un té, una taza de chocolate o un buen café a la media tarde. Llegan luego, sencillos y pertinentes, los pequeños coricos, con su suave sabor a piloncillo y anís, para alternarse, ah, delicia, con unas rosquitas envinadas o con otras rellenas de mermelada de chabacano, con su incitante y pequeña acidez.

Fruto típico del Bajío es el punzante arrayán. Y es ingrediente principal del apetitoso y popular rollo cuya fórmula se explica después. Otra fruta de buena producción regional es el membrillo, y de él se incluye la receta de los también populares cueritos. Ambas golosinas fomentan, por su punto de atractiva acidez, la abundante salivación. Sólo recordarlas la produce... y tal vez por ello son gusto socorrido de chamacos de muy variadas edades.

En las costas y sierras subtropicales del estado se pueden obtener jugosas y dulces piñas; con piñas así queda buenísimo el dulce de camote que luego se recomienda. Y sigue la fórmula de un arroz de leche excepcional. Postre nacional, de rancia tradición, en la versión que se presenta alcanza dimensión celestial. La fácil combinación exige el cuidado personal, la calidad mejor para sus ingredientes. De tal modo, puede llegar a ser tan delicado que se antoje angélico. Manjar de querubines.

Y si al cielo hemos llegado, propio es recordar la silueta de las torres en la clara lontananza, el tañer de las campanas y los retablos áureos. Por ahí se ufanan algunas monjas, quizá con las chapas relucientes por tanto amasar. Vean ustedes. Al estilo Guadalajara, los atractivos picones son bizcocho y golosina. La elaboración trabajosa, las muchas yemas, la harina, la canela, el anís. Picones para ella, picones para él, y los picos del bizcocho dorado se convierten en alta cumbre de la repostería.

Ni agnósticos ni jacobinos podrán discutir que ciertas fórmulas monjiles son verdaderamente milagrosas. Hete aquí el jamoncillo de Lagos. De tan recoleta y letrada ciudad llega un magno jamoncillo de leche. Amarillo, rosa y con el color de la cocoa, tres colores y una misma delicia. De nombre sugerente y con larga historia, se presentan a continuación los huevitos de faltriquera. Llevan, como era de esperarse, una buena cantidad de yemas que se suman a la almendra y a la canela. Se piden para ellos llamativos envoltorios de papel de China, de colores diferentes y, si se puede, con flequitos a la orilla.

Acábase así el recetario de la cocina familiar jalisciense. Pero para terminarlo como va, es decir, santa y dulcemente, se agregan tres recetas que consagran la eternidad, o sea, los postres de siempre. La jericalla tradicional sacrosanta, de dorada superficie, pide huevos y leche de óptima calidad, mientras que los chongos zamoranos, fruto de la buena vecindad, llegan a este recetario con una notable receta por su gran popularidad. Y los siempre buenos y festivos buñuelos en almíbar, indispensables en toda verbena. Crujen deleitosos para que el paladar conserve, aun después del último mordisco, el recuerdo de la fiesta.

Pan de cuajada

3 k	masa de nixtamal
1 k	manteca de puerco
1/2 k	queso añejo
1/4 k	queso fresco
1	litro de jocoque
3	cucharadas de canela molida
3	cucharadas de polvo para hornear
·	azúcar, al gusto
·	leche
·	hojas de maíz

- Incorporar a la masa, uno por uno, los diversos ingredientes, queso rallado, jocoque y canela molida.
- Batir hasta que la masa no tenga grumos; agregar la leche necesaria para obtener una pasta suave, tersa y espesa.
- Colocar cucharadas de masa sobre las hojas secas de maíz, envolver y hornear a temperatura media.
- Rinde 12 raciones.

Panqué de seda

12	huevos
300 g	harina de arroz
275 g	mantequilla
250 g	azúcar granulada
1	cucharada de polvo para hornear

- Batir las yemas de huevo con azúcar hasta aumentar su volumen; agregar mantequilla fundida, luego la harina cernida, poco a poco, hasta incorporarla; por último, las claras batidas a punto de turrón.
- Batir la pasta hasta que esponje; añadir el polvo para hornear.
- Verter la pasta en un molde engrasado y forrado de papel aluminio; hornear durante sesenta minutos a temperatura regular.
- Rinde 6 raciones.

Coricos

1 k	harina de maíz
1/2 k	piloncillo
1/4 k	manteca de cerdo
1/4 k	manteca vegetal
1	taza de agua
1	cucharada de polvo para hornear
1	cucharada de sal
1	cucharadita de anís
2	huevos

- Preparar miel espesa con piloncillo y agua; dejarla enfriar.
- Mezclar las harinas con los ingredientes secos.
- Batir las dos mantecas hasta acremarlas; añadir los huevos, uno por uno, e incorporar poco a poco la harina.
- Amasar con el anís y la miel hasta que se mezcle todo; formar los coricos; colocarlos en charolas previamente engrasadas
- Hornear durante diez minutos a 175°C.
- Rinde 10 raciones.

Rosquitas envinadas

200 g	harina
1	copa de aceite de oliva
1	copa de vino
·	aceite
·	azúcar con canela

- Colocar la harina en un recipiente y rociarla con el vino; batirla bien y agregar aceite de oliva.
- Amasar con las manos; añadir harina o aceite en caso necesario; cuando la masa esté suave, hacer las rosquitas.
- Freírlas en aceite hasta dorar, escurrir el exceso de aceite sobre papel de estraza.
- Revolcarlas en azúcar con canela.
- Rinde 6 raciones.

Rosquitas de chabacano

500 g	harina
300 g	mantequilla
100 g	azúcar
1	litro de mermelada de chabacano
4	yemas de huevo
·	azúcar glass
·	leche

- Cernir la harina y hacer una fuente; poner en el centro yemas de huevo y azúcar; mezclar con las manos, agregar mantequilla y, en caso necesario, un poco de leche.
- Extender la masa y cortar las galletas (mitad redondas y mitad en forma de rosca); colocarlas en charolas engrasadas y hornear a 200°C.
- Poner mermelada sobre las galletas redondas y espolvorear azúcar glass sobre las roscas.
- Colocar las roscas sobre las galletas redondas.
- Rinde 8 raciones.

Rollo de arrayán

1 k	pulpa de arrayán
1 k	azúcar
300 g	azúcar (granulado grueso)

- Extraer los huesos de los arrayanes y deshacer la pulpa con la mano hasta obtener una pasta.
- Agregar azúcar y poner en el fuego sin dejar de revolver; cuando espese, retirar y batir hasta que enfríe.
- Verter la pasta sobre una mesa espolvoreada con azúcar granulada; extenderla hasta que quede de un centímetro de espesor.
- Al enfriar, espolvorear con azúcar y enrollar.
- Rinde 8 raciones.

Cueritos de membrillo

1 k membrillos
1 k azúcar

- Cocer los membrillos, escurrirlos y quitarles la cáscara, el corazón y las semillas; pasar la pulpa por un cedazo.
- Agregar azúcar y poner en el fuego hasta obtener punto de listón.
- Retirar y extender en capas delgadas sobre moldes apropiados.
- Dejar secar durante veinticuatro horas; retirar los cueritos, enrollarlos y espolvorearlos con azúcar.
- Rinde 8 raciones.

Camotes de piña

1 k camote blanco cocido
1/2 k azúcar
1 taza de jugo de piña
1 taza de piña (fresca, pelada y picada)

- Pelar y prensar el camote; colocarlo en un cazo con la piña picada, el jugo y el azúcar.
- Poner todo en el fuego y dejar hervir a fuego suave hasta ver el fondo del cazo; revolver constantemente.
- Verter en un platón y dejar enfriar.
- Rinde 6 raciones.

Arroz de leche

1 taza de arroz (lavado y escurrido)
1 taza de azúcar
1 litro de leche
2 huevos
2 copas de ron
1 raja de canela

- Calentar la leche e incorporar el arroz y la canela; cocer a fuego moderado; cuando el arroz esté casi cocido, agregar azúcar y hervir un poco; retirar y dejar reposar.
- Batir los huevos a punto de turrón e incorporarlos al arroz; antes de que se enfríe, añadir el ron.
- Servir en frío.
- Rinde 6 raciones.

Jericalla

250 g azúcar
1 litro de leche hervida
10 yemas de huevo
3 huevos
1 cucharada de vainilla

- Mezclar azúcar, yemas de huevo, los huevos enteros y la vainilla en una cacerola; batir hasta que se espesen.
- Agregar leche tibia y colar; revolver bien.
- Acaramelar los moldes y verter en ellos la mezcla; cocer en el horno a baño María.
- Retirar cuando al introducir un palillo éste salga seco y la superficie del dulce esté dorada.
- Rinde 6 raciones.

Picones al estilo Guadalajara

500 g	harina
175 g	manteca
150 g	azúcar
15 g	levadura comprimida
1/4	taza de leche
1/2	cucharadita de anís
1/4	cucharadita de sal
7	yemas de huevo
2	huevos
1	raja de canela
·	agua tibia
·	leche (para embetunar)

- Disolver la levadura en ocho cucharadas de agua tibia; mezclar con media taza de harina; formar una masa y ponerla cerca del calor hasta que doble su volumen.
- Hervir la leche con canela y anís; enfriar y colar.
- Cernir la harina restante con sal y azúcar; agregar la leche, los huevos, las yemas y la manteca; amasar bien.
- Incorporar la masa fermentada con levadura y seguir amasando hasta que forme ampollas.
- Colocar la masa en un recipiente engrasado, untar con manteca la superficie de la masa, cubrir con una servilleta y dejarla en un lugar tibio durante seis horas (hasta que aumente al doble de tamaño).
- Volver a amasar y dividir en raciones, darles forma redonda y colocar en moldes engrasados.
- Ponerlos cerca del calor, cuando doblen su volumen hacerles dos cortes en la parte superior (con tijera) para que formen tres picos.
- Barnizar con leche y cocer en horno caliente hasta que se doren.
- Rinde 6 raciones.

Jamoncillo de Lagos

4	litros de leche
500 g	dulces cubiertos
350 g	almendras limpias
50 g	cocoa
1 1/4 k	azúcar
12	yemas de huevo
1	vaina de vainilla
1/4	cucharadita de bicarbonato
·	papel celofán
·	color rosa vegetal

- Poner la leche en el fuego con azúcar y vainilla; al soltar el hervor, agregar el bicarbonato; dejar hervir a fuego fuerte; cuando espese, retirar.
- Agregar las yemas de huevo mezcladas con almendra molida y volver al fuego, revolver constantemente; al ver el fondo del cazo, retirar del fuego y batir hasta formar una pasta.
- Dividirla en tres partes: una se queda amarilla; a la otra se le agrega cocoa y la última se pinta de rosa con color vegetal.
- Cubrir las tres pastas con dulces cubiertos picados; forrar un molde de caja con papel glassine; colocar una capa de pasta amarilla, una de pasta con cocoa y, por último, la de color rosa; aplanar muy bien.
- Enfriar perfectamente antes de sacar del molde; cuando el jamoncillo esté frío, envolverlo con papel celofán.
- Rinde 8 raciones.

Huevitos de faltriquera

500 g	azúcar
225 g	almendras
150 g	azúcar pulverizada
6	yemas de huevo
1	cucharada de canela molida
1/8	cucharadita de clavo molido
.	papel de China de diversos colores

- Hervir azúcar con un cuarto de litro de agua hasta que la miel tome punto de bola suave.
- Incorporar la almendra molida, mezclar con las yemas y el clavo; poner a fuego suave.
- Mover con una cuchara de madera hasta ver el fondo del cazo; retirar y batir bien la pasta.
- Hacer bolitas pequeñas, ovaladas, en forma de huevo; revolcarlas en azúcar pulverizada mezclada con polvo de canela.
- Envolver en cuadritos de papel de China de diferentes colores y cortarles flequitos en las orillas.
- Rinde 8 raciones.

Chongos zamoranos

5	litros de leche
5	tazas de azúcar
2	rajas de canela
1/2	cucharada de cuajo (o media pastilla para cuajar)

- Calentar un poco la leche; añadir azúcar y revolver para que se disuelva; agregar el cuajo disuelto en un poco de agua.
- Dejar la leche en lugar tibio hasta que cuaje completamente; incorporar los trozos de canela.
- Cocer a fuego suave durante dos horas.
- Retirar cuando la miel espese y los chongos estén en el punto deseado; servirlos fríos.
- Rinde 8 raciones.

Buñuelos en almíbar

1/2 k	azúcar
1/4 k	harina
1/4	litro de leche
1	taza de agua
4	huevos
·	manteca

- Separar las yemas de las claras; batir las claras a punto de turrón, agregar las yemas y el harina de modo que quede una pasta suave y espesa; añadir leche y revolver.
- Freír cucharadas de esa mezcla en manteca caliente, formando así los buñuelos.
- Retirarlos cuando estén dorados; escurrir y colocar en un platón; bañarlos con almíbar preparado con azúcar y una taza de agua.
- Rinde 8 raciones.

AUTORES DE LAS RECETAS

María Guadalpue Álvarez de Quintanilla
María Ever Barbosa de Hernández
Virginia Barrera de Rojas
Dolores Beltrán García
María de los Dolores C. de Vega
Ernestina Contreras
Aurora del Río Valdés
María del Pilar Huerta de Torres
Elba Estrada González
Adriana Íñiguez de Martín
Norma J. de Blázquez
Laura Elena Julián García
María Rosa López de Marcué
Elvia Martínez Jurado
Elba Ochoa Cueto
Rosario P. de Valdés
Josefina Pintor García
Perla Ruiz de Vargas
Isaura Ruiz M.
Rosario Sáinz de Alfaro
María de los Ángeles Salcedo Ch.
Natividad Torres Montero

De Cocina y Algo Más

FESTIVIDADES

LUGAR Y FECHA	CELEBRACIÓN	PLATILLOS REGIONALES
GUADALAJARA *(Capital del Estado)* *Octubre 4 a noviembre 8*	**Fiestas de Octubre** Se presentan diversos espectáculos, exposiciones de arte, conciertos, danzas folklóricas, bailes, serenatas, jaripeos, corridas de toros, peleas de gallos, fuegos artificiales, etcétera.	∽ Enchiladas tapatías, taquitos de pollo, cerdo en manchamanteles, pozole, birria (res, puerco, borrego y chivo), mole tapatío, tortas ahogadas, tamales tapatíos, cebollas rellenas, chacala o pipián. ∽ Semitas y frutas de horno, arrayanes, pasta de almendras, ciruelas rellenas, cocada envinada, camotes glaseados, nieves y helados, carlota de melón y de piñón, conservas de frutas (guayaba, durazno, mango). ∽ Tepache, aguardiente, aguamiel, tequila, tuba (jugo de la palmera de coco), tesgüino.
Otubre 12	**Virgen de Zapopan** Una de las vírgenes más veneradas en toda la región. Los fieles llegan de lugares distantes y toman parte en la procesión religiosa que se realiza en su honor. Portan su imagen hasta el altar situado cerca de Zapopan y bailan al son de la música.	∽ Chichicuilotes fritos, tamales de elote y gallina, pozole, birria, tacos, tostadas, sopes, tortas ahogadas, pescado blanco a la plancha o al mojo de ajo, caldo michi, ternera estofada, enchiladas, mole, pipián, rosac de elote, cerdo en manchamanteles. ∽ Cocoles, fruta de horno, semitas. Dulces a base de leche quemada como alfajor, gelatinas, natillas, camotes glaseados, postres de frutas varias (mango, guayaa, coco, tamarindo, jamaica), nueces garapiñadas, nieves, helados y arrayanes. ∽ Café de olla, chocolate, atoles varios, tequila, tepache, aguardiente, tuba, tejuino, ponche, aguas frescas.
ACATLÁN DE JUÁREZ *Julio 26*	**Santa Ana** Una semana antes da inicio una feria con exposiciones, mariachis, fuegos artificiales y espectáculos populares. Se organizan procesiones que empiezan desde el amanecer. Grupos de danzantes bailan sin descanso con sus trajes regionales; entre las danzas que sobresalen están las de los Aztecas, Sonajeros, Nachtes y el Baile de la Conquista.	∽ Tamales tapatíos, tostadas, pozole, enchiladas, birria, chichicuilotes fritos, pescado blanco a la plancha, (rebozado en huevo o al mojo de ajo), pozole, cebollas rellenas, tortas ahogadas (una mitad de pan bañada en salsa de jitomate y cubierta con jamón, pata, lomo, queso de puerco, etc., y encima lechuga, cebolla y rabanitos picados), chacala o pipián, caldo michi, rosca de elote, cerdo en manchamanteles. ∽ Fruta de horno, semitas, pepitorias, arrayanes, alfajores, nueces en diversas formas, dulces de coco, tamarindo, durazno, mango y guayaba, camotes glaseados, carlotas de piñón y melón. ∽ Tesgüino, tepache, ponches, aguamiel, atoles, chocolate y café endulzado con panocha (piloncillo).
COCULA *Primer domingo de octubre*	**San Miguel Arcángel** Pueblo lleno de tradición donde los habitantes organizan festejos a su Santo Patrono: procesiones, danzas, peleas de gallos, fuegos artificiales y mariachis.	∽ Tamales de gallina y de elote, enchiladas tapatías, pozole, birria (chivo, borrego), chacala o pipián, sopes, gordas, memelas, tostadas tapatías, cerdo en manchamanteles, ternera estofada, cebollas rellenas, tortas ahogadas, bote (carne de res, pollo y cerdo con verduras cocidas en pulque), birria de pescado y caviar de carpa guisado. ∽ Paletas heladas, nieves y helados de diversos sabores, dulces de leche quemada, cocadas envinadas, budín de frutas, arrayanes, camotes glaseados, alfajor, dulces de coco y pasta de almendras, semitas y fruta de horno.

🌱 Aguamiel, tequila, pulque, ponche, tepache, atoles, chocolate, aguas frescas, tejuino, tuba y café de olla.

EL GRULLO *Diciembre 12*	**Virgen de Guadalupe** Desde el primero de mes se inician interminables procesiones de fieles que llegan año con año. Se organiza un concurso de baile en el que participan grupos de diversas instituciones y escuelas. El último día se ofrece un gran desfile de carrozas, con fuegos artificiales y mariachis.	🌱 Taquitos de pollo, sopes, tostadas, caldo michi, pozole, birria, tamales, chichicuilotes fritos, cerdo en manchamanteles, ternera estofada, cebollas rellenas, cuachala, bote de río, rosca de elote, tortas ahogadas, pollo a la Valentina. 🌱 Arrayanes, alfajores, dulces de coco y guayaba, pasta de almendra, ciruelas rellenas, camotes glaseados, budín de frutas, semitas, cocoles y fruta de horno. 🌱 Tequila, pulque, tepache, aguardiente, tuba, aguamiel, aguas frescas, atoles, chocolate y café endulzado con panocha.
LAGOS DE MORENO *Agosto 6*	**Señor del Calvario** El 28 de julio se inaugura una feria que concluye con las ceremonias religiosas en honor al Santo. Procesiones, danzas (Viejitos, Conquista, Matachines), música y juegos pirotécnicos.	🌱 Birria, pozole, caldo michi, mole tapatío, tamales de gallina y elote, pipián, sopes, tostadas, pollo a la Valentina, cebollas rellenas, taquitos de pollo, chichicuilotes fritos, rosca de elote, caviar de carpa guisada. 🌱 Nueces en diversas formas, dulces de coco y guayaba, cocada envinada, ciruelas rellenas, camotes glaseados, carlota de melón y de piñón. Semitas y fruta de horno. 🌱 Tequila, tuba, tepache, aguamiel, tesgüino y tejuino, atoles, chocolate y café de olla.
SAN ANDRÉS IXTLÁN *Noviembre 30*	**San Andrés** Ceremonias en honor al Santo Patrono que se remontan a la época prehispánica. Se realiza una procesión a la iglesia donde se puede presenciar una de las danzas más extrañas del país: se llama Paixtle; rara vez se ejecuta y los bailarines cubren su cuerpo con musgo, su rostro con máscaras y portan un tocado con listones multicolores.	🌱 Bote, tortas ahogadas, cerdo en manchamanteles, mole tapatío, birria, caldo michi, pozole, taquitos de pollo, sopes, tamales, memelas, tostadas, pollos a la Valentina, ternera estofada; pescado blanco al mojo de ajo, a la plancha o rebosado en huevo. 🌱 Dulces de leche, nuez, arrayán, alfajor, ciruelas rellenas y camotes glaseados. Fruta de horno y semitas. 🌱 Tepache, tequila, tuba, ponches, aguas frescas, café con panocha, atoles varios.
SAN JUAN DE LOS LAGOS *Diciembre 8*	**Inmaculada Concepción** Se organiza una gran feria; miles de peregrinos llegan de todas partes. Además de las ceremonias religiosas hay gran diversidad de festejos seculares.	🌱 Caldo michi, pozole, birria de chivo y de pollo, chacala o pipián, tortas ahogadas, bote de río, cebollas rellenas, tamales de gallina y elote, sopes, tostadas, mole, chichicuilotes fritos. 🌱 Cocoles, fruta de horno y semitas. Dulces a base de leche quemada, pepitorias, budín e frutas, natillas, ciruelas rellenas, pasta de almendras. 🌱 Ponches, aguas frescas, café endulzado con panocha, atoles de frutas, aguamiel, tepache y tequila.
SAN PEDRO TLAQUEPAQUE *Diciembre 8*	**San Pedro** Se organizan desfiles con carrozas; los bailarines ejecutan danzas de Apaches, de la Conquista y de los Moros. Los mariachis tocan sin cesar.	🌱 Variedades de consomé con verduras, pozole, mole, tostadas, tamales, pescado blanco al mojo de ajo, birria de pescado y caviar de carpa guisado, pipián, cerdo en manchamanteles, ternera estofada, chichicuilotes fritos, taquitos de pollo, bote. 🌱 Cocoles, fruta de horno y semitas, alfajor, camotes glaseados, pepitorias, gelatinas, natillas, budín de frutas, cocada envinada. 🌱 Tequila, tepache, tuba, tesgüino y tejuino, aguamiel, ponches, pulques, chocolate, atole de frutas, café de olla.

TALA *Octubre 4*	San Francisco Los festejos inician el 26 de septiembre. Grupos numerosos de peregrinos, con velas y ofrendas florales, llegan cada día al Santuario. Ejecutan las danzas de los Huehuenches, Sonajeros, Chayates, la del Paixtle y el Baile de la Conquista.	ᕽ Mole, tamales y tostadas tapatías, pollo a la Valentina, birria (res, pollo, chivo, puerco, borrego o pescado), pozole, chacala, tortas ahogadas, sopes, rosca de elote, enchiladas, bote, chichicuilotes fritos, taquitos de pollo, caldo michi. ᕽ Semitas, fruta de horno, cocoles, dulces a base de leche quemada, camotes glaseados, cocada envinada, pasta de almendra, ciruelas rellenas y arrayanes. ᕽ Tepache, tequila, tuba, ponches, aguas frescas, café con panocha, atoles varios.
TEQUILA *Diciembre 8*	Inmaculada Concepción Se organiza una feria con actos religiosos y profanos, como jaripeos, peleas de gallos, desfile de charros, fuegos artificiales.	ᕽ Birria de pescado, caviar de carpa guisado, caldo michi, tamales de elote y gallina, pozole, birria de pollo y de puerco, chichicuilotes fritos, cebollas rellenas. ᕽ Semitas, frutas de horno, cocada envinada, camotes glaseados, dulces de piñón, pepita y nueces, pasta de almendra, ciruelas rellenas y carlota de piña con fresas. ᕽ Tequila, pulque, aguamiel, tepache, atoles, ponches, café de olla y chocolate.
TUXPAN *Último domingo de mayo*	Señor de la Misericordia Una de las imágenes más veneradas de la entidad. Grupos de danzantes de todo el país le rinden homenaje en grandes y solemnes procesiones, ejecutando las danzas de los Moros y los Sonajeros.	ᕽ Enchiladas, mole, tostadas, tamales, birria, pozole, bote, tortas ahogadas, cerdo en manchamanteles, taquitos de pollo, ternera estofada, chichicuilotes fritos, caldo michi. ᕽ Arrayanes, nueces, dulces de mango, durazno, coco, guayaba y tamarindo, alfajor, gelatinas, natillas, nieves y helados, cocoles, fruta de horno y semitas. ᕽ Tequila, tuba, tepache, aguas frescas, atoles de frutas, chocolate, café endulzado con panocha.

NUTRIMENTOS Y CALORÍAS

REQUERIMIENTOS DIARIOS DE NUTRIMENTOS (NIÑOS Y JÓVENES)

Nutrimento	Menor de 1 año	1-3 años	3-6 años	6-9 años	9-12 años	12-15 años	15-18 años
Proteínas	2.5 g/k	35 g	55 g	65 g	75 g	75 g	85 g
Grasas	3-4 g/k	34 g	53 g	68 g	80 g	95 g	100 g
Carbohidratos	12-14 g/k	125 g	175 g	225 g	350 g	350 g	450 g
Agua	125-150 ml/k	125 ml/k	125 ml/k	100 ml/k	2-3 litros	2-3 litros	2-3 litros
Calcio	800 mg	1 g	1 g	1 g	1 g	1 g	1 g
Hierro	10-15 mg	15 mg	10 mg	12 mg	15 mg	15 mg	12 mg
Fósforo	1.5 g	1.0 g	1.0 g	1.0 g	1.0 g	1.0 g	0.75 g
Yodo	0.002 mg/k	0.002 mg/k	0.002 mg/k	0.002 mg/k	0.02 mg/k	0.1 mg	0.1 mg
Vitamina A	1500 UI	2000 UI	2500 UI	3500 UI	4500 UI	5000 UI	6000 UI
Vitamina B-1	0.4 mg	0.6 mg	0-8 mg	1.0 mg	1.5 mg	1.5 mg	1.5 mg
Vitamina B-2	0.6 mg	0.9 mg	1.4 mg	1.5 mg	1.8 mg	1.8 mg	1.8 mg
Vitamina C	30 mg	40 mg	50 mg	60 mg	70 mg	80 mg	75 mg
Vitamina D	480 UI	400 UI	400 UI	400 UI	400 UI	400 UI	400 UI

REQUERIMIENTOS DIARIOS DE NUTRIMENTOS (ADULTOS)

Proteínas	1	g/k
Grasas	100	g
Carbohidratos	500	g
Agua	2	litros
Calcio	1	g
Hierro	12	mg
Fósforo	0.75	mg
Yodo	0.1	mg
Vitamina A	6000	UI
Vitamina B-1	1.5	mg
Vitamina B-2	1.8	mg
Vitamina C	75	mg
Vitamina D	400	UI

REQUERIMIENTOS DIARIOS DE CALORÍAS (NIÑOS Y ADULTOS)

		Calorías diarias
Niños	12-14 años	2800 a 3000
	10-12 años	2300 a 2800
	8-10 años	2000 a 2300
	6-8 años	1700 a 2000
	3-6 años	1400 a 1700
	2-3 años	1100 a 1400
	1-2 años	900 a 1100
Adolescentes	Mujer de 14-18 años	2800 a 3000
	Hombres de 14-18 años	3000 a 3400
Mujeres	Trabajo activo	2800 a 3000
	Trabajo doméstico	2600 a 3000
Hombres	Trabajo pesado	3500 a 4500
	Trabajo moderado	3000 a 3500
	Trabajo liviano	2600 a 3000

EQUIVALENCIAS

EQUIVALENCIAS EN MEDIDAS

1	taza de azúcar granulada	250	g
1	taza de azúcar pulverizada	170	g
1	taza de manteca o mantequilla	180	g
1	taza de harina o maizena	120	g
1	taza de pasas o dátiles	150	g
1	taza de nueces	115	g
1	taza de claras	9	claras
1	taza de yemas	14	yemas
1	taza	240	ml

EQUIVALENCIAS EN CUCHARADAS SOPERAS

4	cucharadas de mantequilla sólida	56	g
2	cucharadas de azúcar granulada	25	g
4	cucharadas de harina	30	g
4	cucharadas de café molido	28	g
10	cucharadas de azúcar granulada	125	g
8	cucharadas de azúcar pulverizada	85	g

EQUIVALENCIAS EN MEDIDAS ANTIGUAS

1	cuartillo	2	tazas
1	doble	2	litros
1	onza	28	g
1	libra americana	454	g
1	libra española	460	g
1	pilón	cantidad que se toma con cuatro dedos	

TEMPERATURA DE HORNO EN GRADOS CENTÍGRADOS

Tipo de calor	Grados	Cocimiento
Muy suave	110°	merengues
Suave	170°	pasteles grandes
Moderado	210°	soufflé, galletas
Fuerte	230°-250°	tartaletas, pastelitos
Muy fuerte	250°-300°	hojaldre

TEMPERATURA DE HORNO EN GRADOS FAHRENHEIT

Suave	350°
Moderado	400°
Fuerte	475°
Muy fuerte	550°

DE COCINA Y ALGO MÁS

Glosario

Aguamiel. Savia o jugo de maguey; al fermentarlo produce el pulque.

Arrayán. El Myrtus arrayan de especie próxima al guayabo y sus acídulos frutillos con los que se preparan pastas dulces y otras golosinas.

Atole. Bebida espesa hecha con maíz cocido y molido y otros ingredientes diluidos o hervidos con agua o leche. Azúcar, canela, miel y frutas molidas le dan agradables sabores.

Bagre. Pez silúrido, sin escamas, cabeza grande, pardo por ambos lados, comestible, de carne blanca con pocas espinas, habitante marino y de aguas dulces. Distribuido en varias familias, según a la que pertenezca cambia el tamaño y otras características.

Birria. Carne de borrego o de chivo, aunque puede ser cualquier otra, preparada como la barbacoa, es decir, horneada bajo tierra o cocinada de manera semejante.

Bote. Guiso de carne de res, pollo o cerdo, con verduras cocidas generalmente en pulque, y un caldillo espeso.

Colorín (zompancle, pito). Árbol del grupo de las leguminosas, de madera blanca ligera, follaje verde claro, caduco y frondoso, que sustituye a las flores de color rojo vivo. Éstas son manjar apreciado fritas con huevo. Madera y semillas tienen aplicaciones industriales y terapéuticas, aunque debe señalarse que éstas últimas contienen un alcaloide venenoso.

Corico (coricochi). Término del noroeste que se aplica a las roscas de harina de maíz y, en general, a cualquier figura de bizcocho, cocida al horno, elaborada con harina de maíz.

Chabacano. Pequeño frutal (Prunus armeniaca) de la familia de las rosáceas, corteza rojiza y flores rosadas, así como su fruto, drupa comestible, amarillenta y oval, con hueso grande y duro. **Albaricoquero, albaricoque.**

Charal. Pececillo de unas dos pulgadas de largo, delgado y espinoso, de color plateado. Se vende comúnmente curado al sol en manojos; se toma en caldillo y en muy diversas preparaciones.

Chía. Semilla de la Salvia chian. De una de sus variedades se obtiene aceite para pintura; con otra, puesta en agua endulzada y con jugo de limón, se prepara una bebida mucilaginosa, apreciada por sus cualidades refrescantes.

Chichicuilote. Ave pequeña que vive a la orilla del mar, lagos o pantanos. Pecho y vientre son grises y más claros que la cabeza, el dorso y las alas; su pico es delgado y recto. Se domestica con facilidad y es comestible.

Chile cascabel (cora). Es un chile seco que, en estado fresco, puede ser el **chile bolita**. Es pequeño, de color rojo o guinda oscuro, esférico. Se aprovecha en adobos y salsas.

Chile chilaca. Se designan así diversas variedades de chile, fundamentalmente en el centro y norte del país. Bastante picoso y de color verde oscuro en el centro, cuando seco es el **pasilla**; más anchas, menos largas y picantes, de color verde limón, las variedades del norte de la república.

Chipotle (chipocle). Chile seco de color tabaco, oscuro o claro. Es, en realidad, el chile jalapeño o cuaresmeño secado y ahumado. Así lo preparaban los aztecas.

Durazno. Árbol de la familia de las rosáceas (Prunus persica) de tres a cinco m de altura, corteza grisácea, poco frondoso, hojas ovaladas y flores de color de rosa; su fruto es amarillo o verdoso, redondo, carnoso y comestible, de sabor dulce y hueso grande y duro.

Elote. Mazorca tierna de maíz y granos de esta mazorca cuando se cocinan.

Jamoncillo. El término suele referirse a un dulce de leche presentado en barras o rombos, o a pastas de diversas frutas y sabores. Se ofrecen en varios colores.

Jericalla (jericaya, papín). Dulce que se hace, a baño María, por lo general con leche, huevos, azúcar y vainilla.

Jocoque (jocoqui). Preparación hecha a base de leche agria.

Maguey. Agave de diversas especies que crece en lugares cálidos y secos. Suele ser de tallo corto, hojas gruesas y carnosas, terminadas en punta dura y con espinas en forma de gancho en los bordes. Algunas especies se aprovechan para la elaboración de fibras textiles; otras en la elaboración de bebidas alcohólicas como mezcal, pulque, tequila y sotol.

Mezcal. Nombre de diversas especies de maguey y bebida alcohólica que se obtiene de la destilación del jugo que se extrae de las cabezas o piñas del agave.

Michi. Del tarasco michi, pescado. Se aplica a un caldo, con frecuencia de bagre, cocido en su jugo.

Mole. Salsa espesa o pasta elaborada con diversos chiles y muchos otros elementos y condimentos, con frecuencia ajonjolí y en algunas variedades chocolate o cacahuates, que acompaña y sazona guisos diversos. La preparación varía tanto como los nombres: mole poblano, negro, verde, etcétera.

Pachola. Bistec molido en metate y condimentado, que posteriormente se fríe.

Pico de gallo. En el centro del país se llama así a una salsa preparada con xoconostles, cebolla y chile.

Picón. Bizcocho o pan de harina con huevo y azúcar, de forma redonda o cónica y con picos. Pan de dulce.

Piloncillo (panocha, panela). Azúcar oscura, mascabado, presentada por lo común en un pan con forma de cono truncado o cucurucho.

Pipián (pepián). Aderezo que se elabora con la pasta de semillas aceitosas, mayormente las de calabaza, molidas y tostadas, que por lo general se añade a un clemole, es decir, una salsa de chile fresco o seco, molido y mezclado con jtomates o tomates.

Pozole. Guiso que se prepara con granos de maíz llamado cacahuazintle y carne de puerco, en especial, cabeza, trompa y orejas, con chile y caldo. Se sirve y condimenta con cebolla, lechuga, orégano, etc. Hay varios tipos.

Pulque. Bebida alcohólica ritual entre los aztecas, blanca y espesa, que se obtiene por fermentación del jugo de maguey o aguamiel. Se llama pulque curado al que se mezcla con jugo o pulpa de frutas o vegetales.

Queso panela. Queso fresco con muy poca sal; se elabora dejando cuajar la leche y escurriendo después el suero.

Tepache. Bebida fermentada que se prepara con la pulpa, jugo o cáscara de frutas y plantas, especialmente la piña y la caña de azúcar y piloncillo. Se usa como refresco o como bebida embriagante, según el grado de fermentación.

Tequesquite. Sustancia pétrea formada por sales minerales. Sirve como abrasivo. Asentada, el agua de tequesquite se utiliza en la cocina nacional como bicarbonato. Da una sazón especial.

Tequila. Bebida alcohólica que se obtiene de la fermentación y destilación del aguamiel del mezcal Agave tequilana o mezcal azul.

Tesgüino. Bebida de origen tarahumara, huichol y cora. Se prepara a base de la levadura que produce el maíz fermentado. **Tejuino** se llama también a la bebida refrescante elaborada tras una leve fermentación del maíz con panocha o piloncillo.

Tuba. Licor de palma. Se obtiene del tronco o de las inflorescencias de algunas palmeras, sobre todo del cocotero común. Se puede tomar compuesta con piña, canela o limón.

Xoconostle (soconoscle). Variedad de tuna, agria, que se emplea en la elaboración de dulces en almíbar y como condimento o ingrediente de algunas salsas y platillos.

Esta obra fue impresa en el mes de junio de 2001
en los talleres de Litográfica Ingramex, S.A. de C.V.,
que se localizan en la calle de Centeno 162,
colonia Granjas Esmeralda, en la ciudad de México, D.F.
La encuadernación de los ejemplares se hizo
en los talleres de Dinámica de Acabado Editorial, S.A. de C.V.,
que se localizan en la calle de Centeno 4-B,
colonia Granjas Esmeralda, en la ciudad de México, D.F.